LA TEORÍA FUNDAMENTADA: DECISIÓN ENTRE PERSPECTIVAS

LA TEORÍA FUNDAMENTADA: DECISIÓN ENTRE PERSPECTIVAS

Dra. Crucita Delgado Arias, Ph.D.

Prólogo de la Dra. Luz Marina Contreras, Ph.D.

AuthorHouse™
1663 Liberty Drive
Bloomington, IN 47403
www.authorhouse.com
Phone: 1-800-839-8640

Published by AuthorHouse   04/12/2012

ISBN: 978-1-4685-0418-7 (sc)
ISBN: 978-1-4685-0419-4 (e)

À Marco, comme toujours!!!

Encore une fois, un gros merci mon cher enfant
pour ton soutient dans toutes mes entreprises

Même celle de ce livre !!!

ÍNDICE GENERAL

LA TEORÍA FUNDAMENTADA: LA TOMA DE DECISIÓN ENTRE PERSPECTIVAS 33

MÁS ALLÁ DE LA CONTROVERSIA: CONCLUSIONES Y APORTES PARA LA REFLEXIÓN 59

REFERENCIAS 63

LISTA DE FIGURAS

LISTA DE TABLAS

PRÓLOGO

Cuando Crucita Delgado me pidió que hiciera el prólogo a su primer libro, me sentí gratificada y a la vez abrumada; jamás había hecho un prólogo, esta es mi primera vez. A pesar de todo, siento que es un infinito placer hacer la antesala a este magnífico texto, que tanto reclaman los investigadores venezolanos, y quizás, también los latinoamericanos.

"Teoría Fundamentada: decisión entre perspectivas" es un libro que nos muestra el origen de la Teoría Fundamentada (TF) y la erosión de la cual ha sido objeto este método, desde que fuera propuesto por sus descubridores originales, los sociólogos Barney Glaser y Anselm Strauss en 1967. Al separarse profesionalmente, estos autores continúan, cada uno por su lado, la utilizando del método; si bien el texto inicial está escrito en inglés, la traducción que nos llega en español, corresponde al desarrollo de la TF, posterior a la separación y propuesto sólo por Strauss. Anselm Strauss fallece en 1996, antes de que saliera la primera edición en lengua española y cuyo título es "Bases de la Investigación Cualitativa"; los escritos posteriores muestran que los avances realizados difieren sustancialmente y dan lugar a un debate que alimenta la actual polémica alrededor de la TF.

La obra de Crucita Delgado recoge las tres visiones actuales de quienes presentan a la TF como un método de análisis. Se trata de tres escuelas o perspectivas como ella las denomina, bastante diferentes: la de Barney Glaser, la de Strauss-Corbin y la de Kathy Charmaz. En el texto, se describe y se analiza no sólo la forma de hacer teoría fundamentada, según cada uno de los autores antes mencionados, sino la manera en la que ellos se colocan para abordar la realidad y de cómo deciden relacionarse con ella. Las diferencias en sus posicionamientos resultan sorprendentes, dando lugar a importantes consecuencias para quienes desean utilizar el método y deberán elegir cuál de esas perspectivas o escuelas será la más adecuada para su investigación.

La obra se inicia con una exposición de las interpretaciones, opiniones y utilizaciones que se encuentran presentes en la documentación sobre la TF y que son promovidas por diversos investigadores, sobre todo aquellos que por primera vez incursionan en la investigación cualitativa. A continuación se señalan los debates y oposiciones hallados, de donde surge la primera categoría conceptual. Dicha categoría emerge directamente de la problemática existente sobre la TF y pone en evidencia la discusión que actualmente existe entre usuarios y autores de la TF.

En la obra también se describe cada fundamento de la TF según cada escuela, para analizar, comparar y finalmente interpretar el por qué de estas controversias y en qué punto se encuentran. La autora resalta las comparaciones que paradójicamente surgen de la aplicación que ella misma hace de los principios de la TF desde una posición determinada, que el lector tendrá que descubrir al culminar la lectura del libro; se trata de un ejercicio que le brindó la oportunidad de aplicar, sin que fuera perceptible para el lector, el movimiento de la comparación continua o comparación constante de la que tanto hemos conversado la autora de este libro y mi persona.

Crucita Delgado describe claramente cómo se utiliza la TF según cada escuela, para después comparar entre ellas, destacando los puntos de coincidencia así como las diferencias que presentan. De este contraste, me llama la atención la posición asumida por Kathy Charmaz quien, al incursionar en este campo, confiere otra connotación a la TF al proponer una visión netamente constructivista del método. Esta investigadora, si bien es poco conocida en este ámbito, nos es presentada por Crucita Delgado quien devela y da a conocer esta otra mirada, derivada de las experiencias de Charmaz.

Luego de una lectura acuciosa del libro, podemos señalar que uno de los logros más relevantes es la identificación de las diferencias entre las tres perspectivas pero sobre todo, la sorpresa que Crucita misma revela, cuando descubre que la divergencia fundamental está centrada en los fundamentos paradigmáticos de las tres visiones.

Diversas son las consecuencias que se derivan de este hallazgo, pues el objetivo final que lleva a un investigador a utilizar la TF como método de análisis, difiere según la decisión que éste tome al adoptar una u otra de las tres escuelas contrastadas: Glaseriana, Straussiana y Charmaziana. En definitiva, asumir algunas de estas posiciones al utilizar el método, tiene que ver con la postura ontológica y epistemológica que cada uno de los autores toma y que se comparan en este libro. Finaliza Crucita con un "A modo de conclusión" que deja libertad para continuar escrutando acerca de las visiones de estas tres escuelas.

Agradezco personalmente a la autora, por la deferencia que me brinda al pedirme que escribiera el prólogo. Con ella he debatido largamente acerca de éste y otros temas propios de la metodología de la investigación, pasión que ambas sentimos y compartimos. De igual forma, pienso que mi agradecimiento, y seguramente el de ella, va a nuestros estudiantes y tesistas, quienes nos han estimulado con sus preguntas y han aguijoneado finalmente, el deseo de esclarecer las dudas al tomar la decisión de escribir esta obra; espero que sepan apreciar este gesto y que este libro les sea indispensable a la hora de decidir sobre la utilización de la Teoría Fundamentada.

Dra. Luz Marina Contreras, Ph.D.

PREFACIO

La nueva riqueza de las naciones ya no se mide en función de sus recursos naturales. Muy por el contrario, y en esto habría que hacer un gran énfasis, dicha riqueza viene ahora representada por las competencias que poseen sus ciudadanos para producir y gestionar el conocimiento.

Acrecentar la calidad de las distintas áreas del saber es tarea de la educación, pues es a ella a quien corresponde la labor de formar a los mejores profesionales. En particular, los docentes-investigadores deben desarrollar competencias en la producción y gestión del conocimiento, con la finalidad de alcanzar la excelencia en cada dominio. Se impone entonces, el manejo lógico, coherente y debidamente argumentado de los diferentes dispositivos metodológicos disponibles en investigación educativa.

Uno de estos elementos es la Teoría Fundamentada (TF), herramienta para el análisis de datos alrededor de la cual existe actualmente, una seria polémica en referencia a sus fundamentos paradigmáticos. En efecto, como docentes sobre todo a nivel de estudios de maestría y doctorado, donde es común querer utilizar la TF para el análisis de datos, nos encontramos con una amplia gama de 'formas de concebir y hacer' cuyos resultados son llamados teorías, generación de teorías o lineamientos para la construcción de teorías. Evidentemente, como lo demuestra este trabajo en sus conclusiones, los resultados de los estudios realizados y defendidos, difieren no sólo porque se trata de objetos de estudio diferentes, lo cual sería algo esperado, sino que las alarmas se encienden cuando nos percatamos que aquello que se encuentra seriamente comprometido es la concepción y la falta de argumentación onto-epistemológica y metodológica que poseen y defienden los docentes que aspiran al título de magister o doctor en educación.

Esta es la motivación fundamental que nos impulsó a abordar en profundidad este asunto. Por ello, esta investigación se propone esclarecer las diferentes perspectivas existentes en relación a la TF y contrastarlas para ofrecer una explicación más clara pero sobre todo coherente en cuanto a la naturaleza onto-epistemológica y a los procesos de la TF. La fuente de esta investigación es documental y metodológicamente, se utilizaron los fundamentos de la propia TF según la llamada escuela «glaseriana», una de las tres posturas existentes a este respecto. Los resultados de esta comparación evidencian fuertes diferencias en cuanto a los presupuestos onto-epistemológicos que sustentan cada una de las perspectivas y cuyas implicaciones se hacen sentir no sólo a lo largo del proceso de análisis de datos sino también en las técnicas de colecta y en la naturaleza de la teoría final. En resumen, las implicaciones de elegir una perspectiva u otra obligan al investigador a considerar la forma en la cual concibe la realidad, cómo se relaciona con ella y cuál es el resultado que desea obtener en su estudio.

Por otra parte, queremos destacar que toda actividad investigativa representa un trabajo en solitario; más aún ésta, que buscó convertirse en libro. Pero, digan lo que digan algunos 'opinadores de oficio' investigar representa, ante todo, un desafío para quienes lo asumen como parte integrante de su quehacer docente. Es por ello que como investigadores tomamos consciencia de la importancia que tienen aquellas personas, que de una u otra manera, nos ayudan a recorrer el trayecto que separa al sueño de la realidad: la finalización de una investigación.

En este sentido, quiero comenzar por reconocer y agradecer el apoyo inestimable brindado por la Dra. Luz Marina Contreras, amiga íntegra y sincera. Su amistad junto a sus comentarios agudos y certeros y el franco intercambio de conocimientos representaron una fuente de inagotable estimulación intelectual.

De igual forma, quiero agradecer al Dr. Humberto González, quien es un usuario entusiasta de la teoría fundamentada, por los ricos intercambios intelectuales sobre el tema.

Con el mismo espíritu quiero manifestar un agradecimiento permanente, a mis colegas de siempre: Profa Antonieta Ascanio, Profa María Edith Pérez y Profa Egleé Ojeda por su apoyo incondicional, siempre disponibles para la escucha de los éxitos y sinsabores que rodean a toda investigación.

A mis estudiantes de doctorado, Profa Penélope Hernández y Profa Jhislaine Ron quienes con sus comentarios en clase sobre su aprendizaje de la teoría fundamentada, contribuyeron a afinar aún más este trabajo.

A mis hermanos por su apoyo y esfuerzo, en especial a Irene por facilitarme la vida de modo tal, que yo pudiera dedicarme a realizar este trabajo en total tranquilidad.

A Manuel Alejandro, por ser como es…, un hijo más y un amigo siempre dispuesto a ayudar en todo lo que sea necesario: gracias por tu solidaridad!

Por último, y como ya es costumbre, quiero manifestar mi más sincero afecto a Marco Alberto, compañero incondicional de todas mis empresas. *Mon fils*, una vez más *"un gros merci"* pues sin tu apoyo solidario, sin tu disponibilidad para escuchar y formar parte de este mundo de la educación y de la investigación que no son los tuyos, no hubiera sido posible alcanzar la meta … *pour ceci et pour d'autres encore à venir, je tiens à te dire: merci infiniment mon enfant…*

LA DISCUSIÓN ENTORNO A LA TEORÍA FUNDAMENTADA: UNA BREVE INTRODUCCIÓN

Los tiempos actuales son tiempos de globalización y se caracterizan por ser tiempos de corta duración. En efecto, cuando sólo un 'clic' es necesario para estar en comunicación con el resto del mundo y cuando la información se propaga en segundos por todo el planeta, el tiempo entre un descubrimiento y otro, entre la producción de un conocimiento y otro, es en realidad ínfimo. Es así como las diferentes comunidades científicas, ya sea en Ciencias Naturales o en Ciencias Sociales se mantienen en constante comunicación, lo que les permite estar al tanto de los aportes, por demás numerosos, que producen sus miembros. Las repercusiones de estas contribuciones no tardan en hacerse sentir en los diversos ámbitos de la actividad humana, influyendo en los mercados nacionales e internacionales, con la innovación de diferentes productos y servicios cuya meta última es mejorar la calidad de vida del ser humano.

De los planteamientos anteriores destaca el enorme poder que poseen aquellas naciones que producen, gestionan y utilizan adecuadamente el conocimiento. Podría decirse entonces que los parámetros tradicionales, tales como los recursos naturales, la producción tecnológica y económica, que permitían, en otras épocas, cuantificar la riqueza de un país han quedado desplazados, es decir, sustituidos por el nivel de conocimientos, de acceso y manejo de la información que poseen los individuos de una sociedad (Hurtado de Barrera, 2000). En estas circunstancias, el conocimiento es el poder de los pueblos; se trata del dominio y manejo adecuado de este conocimiento para su bienestar económico, político, social, cultural y educativo.

Frente a un desafío de estas proporciones, la educación se distingue como la opción más apropiada y congruente para lograr el acceso no sólo a la información, sino también a los procesos que conducen a la producción de nuevos conocimientos que permitan acrecentar el poder nacional. En este sentido, surge la investigación y la formación en investigación como las vías por excelencia que permiten producir y aprehender nuevas ideas, con lo cual se garantiza un cierto poder además de un seguro respeto frente al resto de las naciones.

Puede decirse entonces que "hacer investigación" y formar "en investigación" son los dos desafíos a los cuales deben enfrentarse los países que pretendan destacarse en áreas tan variadas como las ciencias naturales y sociales, las artes, la cultura, la comunicación y la economía, entre otras. Sin embargo, para investigar se requiere del dominio y manejo de los diferentes elementos que conforman la estructura de una investigación así como la utilización de las técnicas e instrumentos adecuados para la colecta y análisis de datos; estos últimos, una vez procesados, darán paso a la producción de nuevos conocimientos.

Al respecto, algunos estudios (Huffman, 2007; Hurtado de Barrera, 2000; Sánchez, 1998) ponen de relieve que dentro de la formación en investigación existen numerosos problemas, tanto de orden didáctico como de experticia en la realización de investigaciones. Uno de los problemas que se destaca en la formación en investigación es la controversial utilización de los preceptos de la denominada "Grounded Theory" pues su uso inadecuado es producto de una severa confusión en cuanto a los principios y fundamentos ontológicos y epistemológicos que la sustentan. En efecto, hace aproximadamente cuarenta años, en 1967, los sociólogos Barney Glaser y Anselm Strauss proponen una manera diferente de acercarse al universo social. En su primera publicación "The Discovery of The Grounded Theory", ellos proponen los principios de base de la "Grounded Theory" como método de análisis de la realidad social.

Desde entonces, la ahora llamada Teoría Fundamentada (TF) se ha venido desarrollando de diversas maneras, sólo que esta diversidad implica, como veremos, visiones de la realidad sustancialmente diferentes a aquellas preconizadas por los autores originales, además de un sinnúmero de combinaciones procedimentales, sin duda heterogéneas, observadas en estudios, cuyos análisis de datos pretendían utilizar los principios originales de la TF.

Tales controversias han conducido a múltiples confusiones y a un serio cuestionamiento de los fundamentos ontológicos, epistemológicos y metodológicos que rigen a la TF. En efecto, en la actualidad, existe un gran debate en cuanto a los principios, definiciones, metas, objetivos y procesos de análisis que caracterizan a la TF (Stern, 2006; Greckhamer y Koro-Ljungberg, 2005; Glaser, 2004[b]; Boychuk y Morgan, 2004; Eaves, 2001). Estas numerosas y variadas opiniones conducen a otras tantas posiciones y modos de utilización de la TF, creando un ambiente de amplia discusión dentro de la comunidad científica. No obstante este polémico entorno es suficientemente valioso, si consideramos los puntos de vista, muchas veces opuestos, pero siempre enriquecedores de nuestros colegas. Ellos representan, en cierta forma, la evolución que ha caracterizado la utilización de la TF a lo largo de estos cuarenta años.

En cuanto al método empleado

Muchos se preguntarán, ¿cuál fue el método empleado para analizar la inmensa información existente sobre la TF, a nivel mundial. Pues bien, vamos a exponer, en primer lugar, los diferentes aspectos del método utilizado (Alfonzo, 1999; Montero y Hochman, 1996) y en segundo lugar, la posición onto-epistemológica desde la cual iniciamos el estudio.

Elección de la perspectiva de la Teoría Fundamentada

Al tratarse de una investigación documental, la información recabada se analizó utilizando los mismos fundamentos de la TF. En efecto, se siguieron las pautas de la "escuela glaseriana" con el fin de generar una teoría que aclare, al menos, la polémica. Fue así como nos acercamos a la literatura pertinente, subrayando las ideas principales y secundarias, lo cual nos permitió codificar y categorizar los diferentes escritos publicados por una variedad de autores de diferentes procedencias, pero que tienen en común, el hecho de haber usado perspectivas y procesos distintos, al generar teoría en sus respectivas investigaciones.

De acuerdo a Glaser (2004b), la TF puede ser usada para analizar cualquier tipo de datos, incluyendo el análisis de la literatura sobre un tema en particular. En base a esta afirmación, decidimos utilizar junto al subrayado, los principios que rigen a la teoría fundamentada según la "escuela glaseriana"y ello para elaborar cada uno de los capítulos de este estudio. Como era de esperarse, la TF permitió evidenciar diferentes factores-problemas de variada naturaleza pues existen diferencias no sólo en cuanto a los supuestos onto-epistemológicos y los procedimientos que sigue la TF, sino también en relación a sus orígenes, definiciones y nombres propios.

Cabe señalar que al utilizar la TF, las categorías que se elaboran son de naturaleza conceptual y no descriptiva, Ellas están conformadas por tres niveles: la categoría (su nombre y definición), las propiedades o atributos que la caracterizan y las dimensiones, es decir, el abanico de posibles variaciones que se han encontrado sobre cada una de las propiedades. Específicamente en nuestro caso, decidimos ilustrar cada categoría, de la forma siguiente: para designar a la categoría, se utilizó un rectángulo con bordes gruesos y redondeados, las flechas indican las propiedades (en rectángulos de bordes rectos y delgados) y de las propiedades pasamos a las dimensiones. La ilustración siguiente permite visualizar la forma en la cual presentamos las categorías. Acotamos, sin embargo, que esta manera de ilustrar una categoría, no es la única empleada, pero sí, aquella que, por experiencia, nos ha permitido expresar mejor la teoría generada.

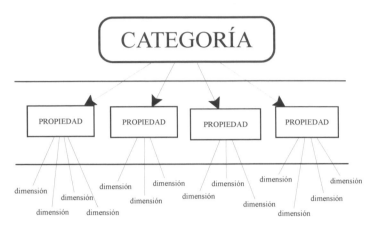

Figura 1: Ilustración de una categoría

La elaboración de la primera categoría conceptual corresponde al panorama de la problemática de la TF y ésta, se refinó y reorganizó a medida que se revisaban nuevos documentos. En efecto, la comparación continua entre las propiedades y dimensiones que componen la categoría y las nuevas informaciones representa, tal como señala Glaser (2004[b]), el movimiento incesante que asegura que las categorías elaboradas están ancladas en los datos, son suficientemente densas, están debidamente relacionadas y poseen en consecuencia, el **poder explicativo** que permite comprender el objeto de estudio en todos sus aspectos.

Las categorías encontradas fueron reagrupándose posteriormente en categorías de mayor densidad, dando paso a la llamada "integración de categorías conceptuales" con el establecimiento de las relaciones que las vinculaban. Finalmente, se llegó a la elección de una categoría central que encierra en su definición, aquello que está sucediendo en relación al objeto de estudio.

Nuestra postura onto-epistemológica

Ante el escenario brevemente esbozado en los párrafos anteriores, como investigadores escogimos colocarnos en el post-positivismo donde la naturaleza de la realidad estudiada era externa a nosotros y nos acercábamos a ella con el fin de explicar lo que sucedía en la actualidad, es decir, tratar de dar un cierto orden a lo que está pasando en relación a la TF y a sus controversias. En nuestra relación con el objeto de estudio, mantuvimos una posición distante tanto como nos fue posible, ya que aceptamos que la subjetividad se halla presente en toda acción y decisión del ser humano. Sin embargo, tal y como lo señala Glaser (2002), las comparaciones continuas entre la colecta y el análisis de datos documentales, aseguró la objetividad de los resultados y de las conclusiones a las que llegamos.

Finalmente, quiero destacar que nuestro interés como investigador buscó, principalmente, ofrecer una explicación lógica y coherente en cuanto a las diferentes perspectivas que existen, hoy, en la literatura; deslindamos cada visión, caracterizándola y comparándola en sus fundamentos, procedimientos y productos, de forma tal, que el investigador pueda elegir conscientemente la perspectiva que le sea conveniente y asuma las implicaciones propias de cada una de ellas.

Una de nuestras preocupaciones en la elaboración de esta investigación fue la de examinar el mayor número posible de fuentes documentales de información referentes a la TF, que han sido publicadas hasta ahora; consideramos entonces, las publicaciones realizadas en diferentes partes del mundo por autores que trabajan en diversas áreas del conocimiento. Así mismo, fueron entonces revisados los textos clásicos de Glaser y Strauss así como aquellos pertenecientes a connotados especialistas en el área, tales como Juliet Corbin y Kathy Charmaz. Además se incluyeron otros autores (Stern, 2006; Hallberg, 2006; Clark, 2005; Raymond, 2005; Eaves, 2001; Cutcliffe, 2000; Laperrière, 1997; Pandit, 1996 y Paillé, 1994) quienes ya se han pronunciado en referencia a la mencionada controversia y que sirvieron de puntos de referencia en el actual debate, para clarificar posiciones y dilucidar las consecuencias propias a cada perspectiva. Con este esfuerzo de revisión bibliográfica queríamos asegurar la realización de "un tour" lo más completo posible, en cuanto a las principales publicaciones realizadas sobre la TF.

Organización de la obra

En relación a la división del presente trabajo, el mismo se divide en cuatro capítulos, mostrando en el primero la problemática, es decir el territorio dentro del cual se presentan los "factores problema" en torno a la TF. En el segundo capítulo, se abordaron las diferentes perspectivas de elaboración de la TF, describiéndolas y analizándolas en relación a los demás elementos que las conforman.

El tercer capítulo presenta la comparación entre las diferentes perspectivas analizadas, considerando los fundamentos paradigmáticos, las bases teóricas y los procedimientos propios de cada perspectiva; el capítulo cierra con la discusión surgida de la comparación presentada. Por último, el cuarto capítulo presenta las conclusiones y ofrece las recomendaciones en cuanto a los preceptos que rigen a la TF.

LA CONTROVERSIA ALREDEDOR DE LOS POSTULADOS DE LA TEORÍA FUNDAMENTADA

Queremos comenzar por presentarles el contexto en el cual se evidenciaron las primeras inquietudes en torno a la TF. Siempre resulta interesante darse cuenta de que nuestro contexto de trabajo como docentes-investigadores, nos proporciona indicios evidentes pero también las señas más sutiles que revelan la existencia de los problemas enfrentados diariamente en la enseñanza.

Justamente fue dentro de nuestras actividades como formador de docentes-investigadores de maestría y doctorado en metodología, donde surgieron los primeros síntomas que llamaron nuestra atención: los diferentes tipos de categorías, las diversas maneras de expresarse al explicarlas así como la ausencia de integración entre ellas fueron algunas de las señales, que nos empujaron a cuestionarnos en cuanto a tan disímiles formas de concebir la generación de una teoría sobre la evolución de un fenómeno educativo.

Vayamos pues al contexto, luego de lo cual pasaremos a exponer los elementos problemáticos específicos, relacionados directamente con la TF y que se han constatado en el análisis de la información disponible.

El contexto que rodea a la TF

En el marco de la globalización, la investigación en Educación y en Ciencias Sociales se presenta como el proceso de producción de nuevos y mejores conocimientos, así como de las contribuciones que permitan a los miembros de una sociedad apoderarse de su verdadera riqueza: ser dueños de la información y manejarla en sus áreas de conocimiento y producción.

En este orden de ideas, la actividad docente como actividad social, dentro de un tiempo y espacios determinados, debe responder a las necesidades de formación de sus individuos (Ruiz del Castillo y Rojas, 2001). Para ello, se necesita de una praxis pedagógica reflexiva, crítica e íntimamente ligada a la investigación como proceso que permite identificar carencias y necesidades, paso previo indispensable, antes de pensar en las soluciones.

Ante una realidad que se modifica constantemente al ritmo de la vertiginosa producción de nuevos conocimientos, la docencia y la investigación se presentan como actividades complementarias que deberán ser desarrolladas al unísono, si se pretende enfrentar y dar respuesta a los numerosos problemas sociales que se confrontan. Es así como uno de los propósitos que tenemos como docentes-investigadores y formadores de futuros docentes es la educación del ciudadano; esta formación deberá brindarle autonomía, capacidad de reflexión crítica y herramientas cognitivas y meta-cognitivas de resolución de problemas.

Cónsonas con los momentos actuales, las universidades se han trazado como meta, el desenvolvimiento de varios ejes entre los cuales destaca el eje investigación, cuyo objetivo estratégico es la consolidación de una "cultura investigativa" a través de doce acciones que van desde la promoción y acompañamiento del investigador novel hasta la difusión, publicación y promoción de la actividad investigativa.

Para alcanzar la consolidación de una "cultura investigativa" se necesita desarrollar en los docentes y futuros docentes, las competencias en investigación que permitan el acceso a la producción de conocimientos. De esta manera, las universidades responden a las necesidades de las sociedades, inmersas ellas también en un mundo complejo caracterizado por la globalización, no sólo en cuanto a la formación de sus docentes sino también en la capacitación de éstos para abordar los múltiples problemas y requerimientos que aquejan a la educación en cada país.

Es entonces la universidad, a través de sus diversos programas de postgrado, la institución idónea para resolver algunos de los problemas que se advierten actualmente en la investigación educativa, ya que tanto en nuestro país como en América Latina y en el resto del mundo, se constatan deficiencias en la formación a la investigación. Efectivamente, se señalan carencias en cuanto a las competencias investigativas que poseen los docentes (Hurtado de Barrera, 2000; Ruiz del Castillo y Rojas, 2001), ya sean éstas individuales y/o colectivas, lo cual plantea un serio compromiso para el manejo adecuado de los conocimientos y de la información en escenarios cambiantes. Hurtado de Barrera (2000) declara que en líneas generales, los egresados de los Sub-Programas de Maestría no poseen las competencias necesarias que les permitan continuar con nuevas investigaciones más allá de la tesis o tesina exigida y mucho menos incorporar la actividad investigativa a su quehacer diario.

El Sub-Programa de Doctorado no escapa a esta realidad y aunque sus exigencias son evidentemente mayores, los estudiantes y doctorandos no necesariamente adquieren y manejan los conocimientos básicos en cuanto a la estructura de la investigación (Contreras, 2008; Huffman, 2007; Sánchez, 1998), ni tampoco utilizan adecuadamente algunas de las herramientas metodológicas presentes en la literatura, entre las cuales destaca la Teoría Fundamentada (TF). En efecto, se trata de uno de los métodos de análisis más utilizados por los futuros magíster o doctores, sin embargo, el empleo de los postulados que rigen a la TF varían mucho de una investigación a otra, dando lugar a innumerables "maneras de hacer teoría fundamentada" lo cual contradice los principios originales de la TF y acrecienta la controversia y la confusión, generando posiciones diversas por parte de quienes la utilizan. La situación señalada no ocurre sólo en nuestro país, sino que por el contrario, parece ser un elemento problemático común a todos aquellos usuarios de la TF en cualquier parte del mundo como lo señalan estudios realizados por Hallberg, 2006; Raymond, 2005; Eaves, 2001y Cutcliffe, 2000.

En consecuencia, vemos como se presentan en la literatura diversas ramificaciones, estilos y "formas de hacer" que no necesariamente coinciden. Vale la pena entonces profundizar en el actual debate sobre los aspectos esenciales de la TF pues creemos necesario esclarecer las discrepancias, ya que el uso arbitrario de sus fundamentos y procedimientos conduce a resultados que no necesariamente reflejan la dinámica del fenómeno social estudiado. Por esta razón, en la sección siguiente se presentan los problemas inherentes a la TF, destacando las diferentes posiciones y señalando los factores problemáticos que la entornan.

La TF: rasgos que caracterizan la controversia sobre sus fundamentos y procedimientos

Es indiscutible que desde la aparición en 1967 de la TF, los tiempos han cambiado, los conocimientos pero sobre todo, la manera de abordar los fenómenos en Ciencias Sociales han progresado (Charmaz, 2006; Hallberg, 2006; Clarke, 2005). Estas nuevas formas de concebir la realidad social y de relacionarse con ella han permeado la forma en la cual se ha concebido y utilizado la TF.

Asistimos a una creciente producción de artículos de investigación y libros que tratan el tema de la TF y en este sentido, Boychuk y Morgan (2004) y Eaves (2001) señalan que en los últimos años, el tratamiento que se ha hecho de la TF como método de análisis de datos difiere mucho de los preceptos originales presentados por Glaser y Strauss en 1967. Es así como lejos de mantener la esencia de la propuesta original, los autores y usuarios actuales han desarrollado variados puntos de vista propios, adaptándolos y acomodándolos a las circunstancias actuales, sin percatarse que al hacerlo, se estaban distanciando de los aspectos básicos planteados originalmente por Glaser y Strauss (1967).

Estos rasgos particulares han sido codificados, generando la primera categoría de análisis que a continuación les presentamos y que fue definida como la controversia que existe en cuanto a los postulados de la TF en sus diferentes aspectos. La figura 1 ilustra la situación problemática que será ampliamente expuesta en las páginas siguientes.

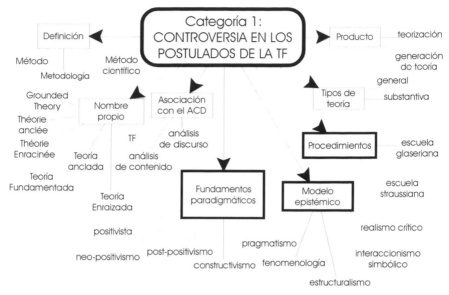

Figura 2: Controversia en los postulados en TF

Comencemos por señalar que el nombre propio de la TF varía no sólo de un idioma a otro, sino que dentro de una misma lengua se le conoce de formas distintas. En efecto, su nombre original en inglés es *Grounded Theory* (Glaser y Strauss, 1967) mientras que en francés se la conoce como *théorie enracinée* y *théorie anclée* (Paillé, 1994; Laperrière, 1997). En español se encuentran términos como el de Teoría Anclada (Raymond, 2005) y Teoría Fundamentada para referirse a la misma TF. Bajo cualquiera de estos nombres, se hace referencia a la metodología propuesta inicialmente por Glaser y Strauss en 1967.

Por otra parte, si bien el término utilizado para denominar a la TF no representa un gran obstáculo, hay que considerar que las definiciones que se le atribuyen son contradictorias, ya que hay autores que la consideran un método (Greckhamer y Koro-Ljungberg, 2005; Raymond, 2005), una metodología (Glaser, 2004b; Stern, 2006; Strauss y Corbin, 1990) y más aún, un método científico (Haig, 1995; Raymond, 2005).

Sin embargo, la controversia más fuerte que se encuentra en la documentación viene representada por los fundamentos paradigmáticos que caracterizan a la TF y que son asumidos de manera consciente o inconsciente por el investigador. En efecto, la TF es ubicada en paradigmas tan diversos como el positivismo, post-positivismo (Mills, Chapman, Bonner y Francis, 2007), el neo-positivismo (Newman, 2008) y el constructivismo (Charmaz,

2006; Hallberg, 2006). En cuanto a los modelos epistémicos que subyacen en la TF, se constatan nuevamente opiniones encontradas pues los autores relacionan a la TF ya sea con el realismo crítico (Newman, 2008; Clarke, 2005), con la fenomenología (Hallberg, 2006; Raymond, 2005), el pragmatismo (Hallberg, 2006; Raymond, 2005; Laperrière, 1997; Haig, 1995), con el interaccionismo simbólico (Mill *et al.*, 2007; Charmaz, 2006; Haig, 1995) y con el estructuralismo (Hurtado de Barrera, 2009).

Sobre este aspecto, la posición de Glaser (2004[a]) es clara cuando precisa que la TF puede ser generada indistintamente del paradigma de investigación en el cual se sitúe el estudio. En sus propias palabras, el autor declara que: "…una TF puede ser generada con cualquier paradigma y metodología usados para lograrlo, ya que 'todo es data', sobre aquello que está sucediendo [en el objeto de estudio]" [¶4][1]. Este autor se acerca a una situación determinada buscando explicar el comportamiento asumido por los actores sociales frente a ésta; para este autor, los fundamentos paradigmáticos pasan a un segundo plano.

Por otra parte, el análisis de los trabajos de Glaser evidencia su preocupación en cuanto a la erosión de la cual es objeto la TF. En efecto, Glaser (2004[b]) establece enérgicamente que la TF, en su concepción inicial, ha sido erosionada y sus procedimientos alterados al combinarlos con otros métodos de análisis, que si bien de forma individual son válidos, en combinación con la TF conducen a un sensible deterioro en cuanto a su concepción original. Este autor rechaza categóricamente, la asociación de la TF con los métodos de análisis cualitativos (análisis de contenido, análisis de discurso) cuya preocupación primordial es la de obtener una descripción detallada del fenómeno estudiado y de la significación que los actores le adjudican al mismo. En este escenario, Greckhamer y Koro-Ljungberg (2005) están de acuerdo con Glaser y argumentan además que el tiempo, las diferencias culturales y el desarrollo de la investigación cualitativa, con los modelos epistémicos que la caracterizan, aportan un cambio epistemológico que viene a erosionar los principios originales de la TF. Stern (2006), por su parte, agrega que la inadecuada utilización de la TF favorece y transmite el mal uso de sus postulados así como el surgimiento de innumerables combinaciones de datos, códigos y categorías cuyo producto final pretende ser reconocido como TF.

Tanto Glaser (2002; 2004[b]) como Stern (2006) concuerdan en señalar que se propagan numerosos errores, que de forma consciente o inconsciente, repercuten en el estudio de una determinada realidad social y es común observar un empleo bastante variado de los fundamentos de la TF. Este uso inadecuado, según Glasser y Stern no hace más que propiciar la generación de

---

[1]Original en inglés: "…a GT can be generated with whatever the paradigm and the methodology for achieving it, as "all is data" about whatever is going on" [Glaser, 2004, ¶4].

una teoría caracterizada por ser incompleta, pobre y/o desarticulada en relación a la dinámica que distingue al fenómeno.

En contraposición a la postura ortodoxa de Glaser, Charmaz (2000) expresamente critica, que tanto él como Anselm Strauss, asumen la existencia de una realidad externa, independiente del investigador y que puede ser descubierta. La relación del investigador con su realidad es una relación distante e independiente; se asume que los datos son externos al investigador y poseen una existencia propia. Ante esta visión de la realidad, Charmaz (2006) ofrece un nuevo enfoque de la TF, al cual denomina "Constructivist Grounded Theory" o TF constructivista.

Esta nueva perspectiva se caracteriza por la elaboración de teoría a partir de un enfoque constructivista, donde los conceptos y categorías principales son construidos en la interrelación del investigador con las personas participantes. En este sentido, el investigador cuenta la historia reconstruida a través del análisis realizado siguiendo los principios de la TF constructivista. Charmaz (2006), consciente de las diferencias entre su postura y la posición clásica de Glaser, afirma claramente:

> He tratado, utilizando los métodos de la teoría fundamentada y la teorización como *acciones sociales*, que los investigadores construyan de común acuerdo con otros, en lugares y tiempos específicos (...) Interactuamos con la data y creamos teorías sobre ella. Pero nosotros no existimos en un vacío social. (...) Numerosas discrepancias que surgen entre los usuarios de la TF y críticas provenientes de otros colegas, resultan del hecho de que varios autores se colocan entre las tradiciones interpretativa y positivista. He explicado estas diferencias argumentando que la teoría fundamentada ha tomado una forma diferente desde su creación: teoría fundamentada constructivista y teoría fundamentada objetivista. La teoría fundamentada constructivista es parte de la tradición interpretativa... (pp. 129-130)[2]

Podemos decir entonces que desde un punto de vista ontológico, la TF es colocada principalmente entre dos paradigmas de investigación diferentes: post-positivista y constructivista (Greckhamer y Koro-Ljungberg, 2005; Bryant, 2002[a] en Raymond, 2005; Charmaz, 2006). Además, desde el punto de vista epistemológico, también se observa disenso entre las opiniones de los autores, pues ellos señalan al realismo crítico, al pragmatismo, a la

---

[2]Original en inglés: "I have treated using grounded theory methods and theorizing as *social actions* that researchers construct in concert with others in particular places and times (...) We interact with data and create theories about it. But we do not exist in a social vacuum (...) A number of the disputes among grounded theorists and critiques by others colleagues result from where various authors stand between interpretative and positivist traditions. I have explicated those differences by arguing that grounded theory has taken somewhat different forms since its creations: constructivist and objectivist grounded theory. Constructivist grounded theory is part of the interpretative traditions..." (Charmaz, 2006, pp. 129-130).

fenomenología y al interaccionismo simbólico como los modelos epistémicos que sustentan a la TF (Chenail, Spong, Chenail, Liscio, McLean, Cox, Shepherd, y Mowzoon, 2006; Cutcliffe, 2000; Piantanida, Tananis y Grubs, 2004; D'Amboise y Nkongolo Bakenda, 1991).

Frente a esta situación de absoluta confusión y como investigadores-usuarios de los principios de la TF, nuestra reflexión nos permite, por una parte, concluir que tanto los criterios onto-epistemológicos de la TF referidos a la naturaleza de la realidad, la relación sujeto-objeto (S-O) como a la intención del investigador al abordar su estudio, quedan en entredicho y dan lugar a diferentes perspectivas de trabajo con sus correspondientes consecuencias. Por otra parte, además de la polémica alrededor de los fundamentos paradigmáticos que rigen a la TF, la revisión de la literatura presenta otra controversia que indudablemente tiene relación con la anterior: se trata de las posiciones antagónicas entre Glaser y Strauss en cuanto a los procedimientos a seguir al elaborar una teoría.

Los procedimientos: la controversia entre Glaser y Strauss

Si bien inicialmente ambos autores compartían los aspectos fundamentales de la TF, con el pasar del tiempo sus posiciones se separan y dan lugar a lo que se ha llamado la "escuela glaseriana" y la "escuela straussiana", términos que sirven para denotar dos diferentes formas de proceder para elaborar una TF (Stern, 2006; Boychuk y Morgan, 2004).

Ciertamente, la posición de Glaser continua siendo prácticamente la misma de 1967, sin embargo, para Strauss fue evidente la necesidad de precisar las etapas a seguir en el desarrollo de la TF. De esta forma y para lograr que el análisis fuera accesible a los investigadores, Strauss y Corbin (1990; 1998ª y 1998b) presentan una serie de pasos metodológicos esenciales a través de varios tipos de codificación que permiten la elaboración de la TF.

Frente a la nueva perspectiva emprendida por Strauss, Glaser reclama de la posición "straussiana" el hecho de que esta serie de pasos metodológicos conduce a forzar los datos para que digan aquello que no necesariamente están diciendo. Glaser se refiere específicamente a la llamada matriz condicional/consecuencial, esta especie de plantilla previa propuesta por Strauss y Corbin (1990; 1998ª) donde se consideran aspectos que no necesariamente surgirían de los datos, como por ejemplo: los antecedentes u orígenes, las causas del fenómeno de estudio, las consecuencias, el ritmo y la velocidad del proceso, entre otros.

Conviene recordar que en la propuesta original de 1967, el investigador debía acercarse a sus datos con el conocimiento mínimo necesario en cuanto a la revisión previa de la literatura, de forma tal que fuesen los datos los que "hablaran" y pusieran en evidencia QUÉ es lo que estaba sucediendo en el fenómeno estudiado. De acuerdo a Glaser, el uso de la matriz 'dirige', en cierta forma, el análisis de datos hacia los aspectos allí considerados y no hacia lo que pudiera surgir espontáneamente de los datos. Muchas de estas divergencias se deben a la asociación que aún persiste entre la TF y los diferentes tipos de análisis cualitativos de datos (ACD).

En este sentido, nuevamente los reclamos de Glaser (2004[a]; 2004[b]; 2002) se hacen sentir cuando el autor señala inquieto, que la teoría presentada por muchos investigadores, que pretenden haber realizado un estudio bajo los parámetros de la TF, se aparta de lo que sería una teoría substantiva compuesta por categorías conceptuales fundamentadas en los datos. Este autor argumenta que estos hallazgos son el producto de un simple análisis cualitativo de datos, por lo demás de carácter descriptivo.

Destaquemos que Glaser y Strauss están de acuerdo en que las categorías que conforman la TF, deben ser categorías conceptuales. Para estos autores, describir y conceptualizar son dos procesos diferentes que exigen del investigador competencias distintas al acercarse a los datos; al construir categorías, una característica propia del ACD es su carácter descriptivo, mientras que la TF favorece la emergencia de categorías conceptuales, directamente ancladas en los datos y caracterizadas por poseer varios niveles de elaboración (propiedades y dimensiones) vinculados directamente con la data.

En opinión de Parker y Roffey (1997 en Raymond, 2005), las diferencias entre Glaser y Strauss no tienen implicaciones de naturaleza ontológica o epistemológica, pues se trataría de desacuerdos metodológicos en cuanto a las técnicas o métodos de análisis de datos. Sin embargo, nosotros creemos que la posición onto-epistemológica del investigador al acercarse a una realidad social en la colecta y análisis de datos, condiciona la manera en la cual esta persona se relaciona con el objeto de estudio, cómo lo aborda y cómo lo interroga. Esta opinión también es compartida por Charmaz (2006) y por Boychuk y Morgan (2004) quienes, cada uno desde su perspectiva, precisan la importancia que tiene en la actualidad, establecer los presupuestos onto-epistemológicos que sustentan la perspectiva particular que el investigador desea asumir.

De los planteamientos anteriores se deriva que la información sobre TF dista mucho de ser coherente. Por el contrario, el análisis de la literatura arroja numerosas incoherencias que ocasionan gran confusión, contradicción y desorientación. Esta situación, lejos de favorecer el desarrollo de la investigación en Ciencias Sociales y en Educación, contribuye a un mayor desorden y desconcierto debido, en gran medida, a la variedad de ideas y de propuestas que se han hallado en la documentación y que contribuyen a sustentar estos errores. Estas opiniones no siempre concuerdan y la mayoría de las veces, representan puntos de vista encontrados, que poco ayudan al investigador novato o experto, ofreciéndole una dudosa comprensión de los fundamentos de la TF.

Ahora bien, luego de extensas lecturas y reflexiones dentro de la problemática que rodea a la TF hemos determinado la presencia de vacíos y carencias sustanciales, en cuanto a los rasgos que caracterizan a cada una de las perspectivas que coexisten en la documentación publicada. Y, más grave aún, el desconocimiento de las consecuencias e implicaciones que se derivan, al asumir cualquiera de las tres perspectivas encontradas: Glasser, Strauss-Corbin y Charmaz. Nuestras reflexiones nos han llevado a cuestionarnos y preguntarnos, por ejemplo, ¿cuáles son las diferencias en las posiciones de Glaser, Strauss-Corbin y Charmaz en relación a la TF?, ¿cuáles son las implicaciones de orden ontológico, epistemológico y metodológico de cada una de estas posturas?, ¿cuáles son los productos que se obtienen al seguir alguna de estas perspectivas?

Como se trata de uno de los métodos privilegiados por muchos estudiantes de postgrado, quienes adolecen de una información cierta y actualizada, creímos absolutamente necesario, analizar en profundidad estas posturas y sobre todo compararlas, con el propósito de dilucidar los principios paradigmáticos que subyacen en cada una de estas perspectivas y ofrecer una explicación pertinente a este respecto.

Por estas razones, nuestra intención es poder establecer las diferencias ontológicas, epistemológicas y metodológicas que existen en las posiciones paradigmáticas de Glaser, Strauss-Corbin y Charmaz, describiendo en primer lugar sus respectivas posturas onto-epistemológicas y metodológicas para después analizar y comparar sus respectivos fundamentos paradigmáticos.

Resonancia de la TF: su importancia en el campo de la investigación en educación y en ciencias sociales

Entre los numerosos y variados métodos de análisis de la realidad, la TF ocupa un lugar privilegiado pues representa la elección de muchos docentes-investigadores y estudiantes de Maestría y Doctorado, tanto en educación como en otras áreas de las Ciencias Sociales.

Sin embargo, desde hace varios años, durante nuestro desempeño como formadores de docentes-investigadores hemos venido evidenciando la necesidad de precisar las diferentes perspectivas que se ofrecen al investigador que utiliza la TF, en relación a los principios fundamentales y a los procedimientos para generar teoría. En efecto, tanto en las líneas de investigación, donde colegas y amigos presentan los avances de sus trabajos, como en las ponencias de jornadas y congresos es evidente la dificultad, revelada en las exposiciones, cuando se trata de 'lidiar' con los datos: en muchas ocasiones, el análisis queda fragmentado o al contrario, el expositor busca blindarlo utilizando todos los métodos de análisis de datos conocidos, de forma tal que garanticen un resultado apropiado. En otros casos, el análisis queda incompleto, pues no se llega a modelización alguna y menos aún a la generación de una teoría.

Como profesor de metodología de la investigación, reflexionando sobre este problema y a la luz de las lecturas realizadas sobre TF, nos percatamos de que en la propia literatura sobre la TF existen numerosas discrepancias, muchas veces incongruencias que no ofrecen la claridad deseada para estudiantes de postgrado que quieren iniciarse en la elaboración de una TF. Es por ello, que la autora se propuso deslindar las implicaciones que existen en las dimensiones onto-epistemológicas y metodológicas en referencia a la TF, con el fin de ofrecer un panorama en el cual el investigador pueda aprender y tomar decisiones conscientes sobre los fundamentos paradigmáticos y los procedimientos a seguir cuando se elabora una teoría.

Creemos que este libro contribuye a acrecentar los conocimientos referentes a la TF así como a proporcionar a sus usuarios, vías de acceso más claras y precisas en cuanto a las implicaciones. Además, los resultados han permitido esclarecer las diferencias, muchas veces sutiles, entre la TF y el resto de los métodos de análisis de datos cualitativos, litigio central en muchos de los artículos analizados.

Es nuestro deseo que a corto plazo, sea posible la realización de un manual de utilización de la TF, en donde además de sus fundamentos se ofrezcan ejemplos de elaboración y aplicación a diferentes áreas del conocimiento.

Además, las repercusiones de los hallazgos de este estudio pueden alcanzar varios de los niveles de investigación en educación: desde los aspirantes a estudios de post-grado, maestrías y doctorados hasta la formación de docentes en ejercicio quienes podrían utilizar los fundamentos de la TF para el análisis de los problemas que surgen a diario en sus aulas de clase.

LA TEORÍA FUNDAMENTADA: LOS FUNDAMENTOS PARADIGMÁTICOS DE LAS PERSPECTIVAS GLASERIANA, STRAUSSIANA Y CONSTRUCTIVISTA

Hemos creído conveniente comenzar este capítulo haciendo una descripción individual, lo más detallada posible, de los rasgos que caracterizan cada una de las perspectivas. De esta manera, el lector podrá obtener la información necesaria para después analizar, junto con nosotros, cada uno de los fundamentos paradigmáticos; éstos fueron posteriormente, comparados entre sí y se determinaron sus implicaciones para el campo de la investigación.

La perspectiva glaseriana también llamada clásica u ortodoxa, responde a los cánones originales propuestos por Glaser y Strauss en 1967. Una versión straussiana es una modificación o reformulación ofrecida por Strauss y Corbin (1990) cuando estos dos autores proponen una sistematización del proceso de codificación y categorización, brindando cierta organización a lo que los investigadores llamamos el "cómo hacer" para manejar el análisis de datos. Por último, Charmaz (2006) propone la versión constructivista de la TF, aludiendo que ésta ha sufrido ciertos cambios desde su origen y debe adaptarse a los nuevos tiempos (Eaves, 2001).

Pasemos entonces a la presentación de los fundamentos paradigmáticos que subyacen en cada perspectiva, sus implicaciones para la colecta y análisis de datos, así como sus características y procedimientos.

Glaser: la posición ortodoxa o clásica de la TF

Como ya fue señalado, es en 1967 cuando Glaser y Strauss proponen la TF como metodología de análisis de datos. Glaser formado en la Universidad de Columbia en el marco del positivismo, fue estudiante de Paul Lazarsfeld y de Robert Merton, cabeza principal de la escuela estructural-funcionalista en la sociología americana para quienes la sociedad puede concebirse como un sistema constituido por estructuras que permanecen en el tiempo. Strauss, por su parte, se forma bajo las ideas de Dewey, Mead, Peirce y Herbert Blumer, quien fue su maestro (Gerson, 1990); los fundamentos del Pragmatismo Americano y del Interaccionismo Simbólico, corrientes teóricas admitidas por la Escuela de Chicago, fueron también recogidas por Strauss durante su doctorado en la Universidad de Chicago (Hallberg, 2006).

Bajo la influencia de estas ricas tradiciones de investigación en Ciencias Sociales, Glaser y Strauss proponen la "Grounded Theory" como un método de aproximación a la realidad social, cuyo objetivo principal es la generación de una teoría directamente vinculada, más aún, enraizada en las acciones tal y como son descritas en palabras de los actores, quienes relatan sus vivencias sobre un determinado fenómeno social. La teoría generada de esta forma posee un poder de explicación que permite la comprensión completa de todo fenómeno social, entendido como proceso (Laperrière, 1997; Raymond, 2005; Glaser y Strauss, 1967; Strauss y Corbin, 1990).

Se hace un especial énfasis en los incidentes, cuando se precisan que son éstos los que caracterizan al fenómeno y no las personas, pues son los incidentes los que permiten elaborar las diferentes categorías.

Principios teóricos de la perspectiva clásica de la TF

Glaser establece que la TF es una método que tiene como objetivo *descubrir* inductivamente lo que él llama una teoría substantiva y llegar posteriormente a una teoría general (Glaser, 1999). Se trata de: "... un grupo de hipótesis conceptuales sistemáticamente integradas para producir inductivamente una teoría sobre un área substantiva" (Glaser, 2004[b], p.2)[3].

Más específicamente y en esto vale la pena fijar nuestra atención, Glaser (2001) precisa que la TF pretende *resaltar el patrón de comportamiento de los participantes en un área determinada*, con el fin de explicar cómo éstos resuelven la situación específica que está siendo estudiada.

Desde el punto de vista del proceso de pensamiento del investigador, la perspectiva glaseriana señala que el proceso de producción de conocimientos es inductivo, dejando en segundo lugar los conocimientos previos que posea el investigador (Reichertz, 2007). La teoría es entonces generada a partir de un proceso de análisis de la data que va de lo particular a lo general, de la data a la elaboración de la teoría. Glaser precisa que es sólo después de la agrupación de categorías alrededor de una categoría central, que el investigador hará uso de los conocimientos que le proporciona la literatura.

Se trata de una teoría substantiva, es decir una teoría que explica aquello que sucede en un determinado fenómeno, de acuerdo a las opiniones de los seres que lo experimentaron. Además, la teoría substantiva puede y

---

[3]Original en inglés: "... a set of integrated conceptual hypotheses systematically generated to produce an inductive theory about a substantive area" (Glaser, 2004[b], p.2).

debe enriquecerse de los aportes de otros individuos quienes con sus experiencias, colaboran en la consolidación, refinamiento y precisión de las categorías conceptuales emergentes.

En este sentido, Glaser (1999) manifiesta que una de las dificultades que se encuentran al trabajar con la TF es la poca comprensión que poseen los investigadores en cuanto a lo que se conoce como teoría substantiva. Efectivamente, los investigadores elaboran una TF sin saber exactamente si se encuentran en el estadio de teoría substantiva o de teoría general, lo cual representa una laguna importante en cuanto a los conocimientos que éstos poseen.

Por otra parte, Glaser (2004[a]; 2004[b]; 2002 y 2001) afirma que la TF encierra *un poder explicativo que va más allá del tiempo, del lugar y de los participantes*. Se trata de 'descubrir', de 'revelar' los patrones de comportamiento subyacentes en los relatos de los participantes. Más específicamente estamos hablando de una serie de categorías conceptuales, las cuales relacionadas e integradas, proporcionan una teoría que posee el atributo de permanecer a través del tiempo y trascender, pues encierra una explicación detallada y precisa que se apoya en patrones de comportamiento regulares.

Además del potencial explicativo de la teoría, Glaser (1999) señala el poder que la TF proporciona al investigador, cuando menciona la posibilidad de utilizar en una conversación cualquiera, lo que él denomina *bits de teoría*. El autor se refiere a la oportunidad de incluir en una conversación, algunas de las categorías conceptuales que si bien forman parte de una teoría mayor, pueden ser utilizadas por el poder explicativo que encierran. Efectivamente, es el investigador quien conoce perfectamente la densidad del conocimiento que encierra cada una de las categorías conceptuales y como dueño de este conocimiento adquiere, en consecuencia, el poder de manejar la información a través de un discurso coherente y sólidamente anclado en la data.

A pesar de las evidentes fortalezas que encierra el manejo de la TF para la explicación de fenómenos en Ciencias Sociales, los escritos iniciales de sus creadores Glaser y Strauss (1967) adolecen de claridad en dos aspectos, que a nuestro juicio, son importantes: la especificación clara de los supuestos onto-epistemológicos que los animaban en 1967 y la precisión en cuanto a los procedimientos puntuales que debían seguirse para generar la teoría.

Los supuestos onto-epistemológicos en la TF clásica

Diferentes investigadores, críticos frente a la situación por la que atraviesa la TF (Greckhammer y Koro-Ljungberg, 2005; Eaves, 2001) señalan que, aunque no lo hayan mencionado explícitamente, tanto Glaser como Strauss (1967) mantenían una postura positivista en cuanto a los fundamentos onto-epistemológicos que los regían inicialmente.

En nuestra opinión, la perspectiva glaseriana o clásica de la TF se ubica en el paradigma post-positivista el cual, apoyado en el realismo crítico (Clarke, 2005; Annells, 1996 en Lamp y Milton, 2007), postula la existencia de una realidad exterior al investigador y a la cual éste tiene acceso mediante sucesivas aproximaciones, sin llegar a aprehender esta realidad por completo. Además, la relación entre el investigador y su objeto de estudio es distante con lo cual su objetividad está garantizada, característica que es propia de una postura post-positivista. Asimismo, el descubrimiento forma parte del proceso de análisis de datos, pues éstos "hablan" al expresar las vivencias de los sujetos; estas vivencias son codificadas y recogidas bajo forma de categorías conceptuales, que se tornan cada vez más sólidas en contenido mediante la incesante comparación continua entre realidad y análisis, permitiendo así al investigador develar el patrón de comportamiento regular que subyace en la data.

Otro argumento que nos lleva a considerar que la postura onto-epistemológica de la TF clásica es más bien post-positivista es que el acercamiento a la realidad no busca un control directo de los datos a fin de medir y verificar. Creemos ver en su propuesta, un intento por buscar explicaciones a fenómenos vividos por "otros" y que sólo estos "otros" podrían relatar. Para Glaser y Strauss no se trata de verificar una teoría previa para constatar si la misma rige el comportamiento de la data, confirmando o no, las hipótesis de trabajo, sino que se trata más bien de generar la teoría particular que los determina, partiendo inductivamente de los mismos datos. Es por esta razón que Glaser (2002, 2004[a] y 2004[b]) hace especial énfasis en que el investigador se acerca a los datos con el mínimo de bagaje teórico posible, de forma tal que sean los datos los que se expresen y 'develen' el comportamiento asumido por los participantes ante la situación estudiada.

Más recientemente, Glaser (2002) admite tímidamente que como seres humanos, los investigadores poseemos valores y creencias que podrían actuar como sesgos durante la colecta y el análisis de datos. Sin embargo, el autor argumenta que la comparación constante entre la elaboración de categorías y la colecta de nuevos datos, minimiza la subjetividad inherente al investigador. Podría decirse entonces que la objetividad en el manejo de la data está garantizada mediante este movimiento incesante de colecta y análisis, movimiento de comparación constante que termina sólo cuando la serie de categorías conceptuales son lo suficientemente densas en contenido y pueden brindar una explicación clara de 'lo que está pasando' en el fenómeno estudiado.

Los procedimientos para generar TF desde la perspectiva clásica

Antes de pasar al procedimiento propiamente dicho, quisiéramos destacar que existen ciertas nociones, propias de la TF y que pueden ser consideradas como contribuciones de altísimo valor en investigación. En efecto, tanto Glaser como Strauss (1967) contribuyeron con aportes tan importantes como la definición de los conceptos de: sensibilidad teórica, muestreo teórico, saturación de categorías, memos y movimiento de comparación constante, entre otros; éstos representan los rudimentos fundamentales para el análisis de la data, que fueron parte de la propuesta inicial y se mantienen hasta hoy.

En este sentido, para Glaser y Strauss, la colecta y el análisis son actividades simultáneas, es decir *la comparación constante es el movimiento que no sólo caracteriza a la TF sino el que garantiza la densidad en las categorías* que conforman la teoría y asegura *la saturación* de información. En lo que concierne a las categorías, los autores no aportan mayores detalles en relación a cómo hacerlas emerger de los datos, sin embargo, se señala la necesidad de codificar la data y de *generar categorías de tipo conceptual*, es decir categorías que, lejos de describir, permitan explicar cada aspecto particular del fenómeno; en definitiva, las categorías son conceptuales, nunca descriptivas.

Pese a estas precisiones sobre la naturaleza de las categorías de la TF, el "cómo hacer", es decir, el abordaje operacional de la data carece, en 1967, de las precisiones necesarias para asegurar un uso correcto de la metodología. Y es así como luego de la separación profesional de ambos autores, surgen dos posiciones claramente diferenciadas en cuanto a los procedimientos para elaborar TF: la "escuela glaseriana" y la "escuela straussiana". A pesar de la poca claridad procedimental de la TF clásica ("escuela glaseriana") y a juzgar por la cantidad de artículos publicados, puede decirse que Glaser (2004[a],2004[b]; 2002; 1992; 1978) hace un esfuerzo por esclarecer su postura y sistematizar en cierto modo, los procedimientos necesarios para el análisis de la data (McCallin, 2003). Especialmente, en Glaser (2004[b]) puede apreciarse esta iniciativa ya que en esta publicación, el autor presenta cada uno de los elementos que caracterizan el proceso de generación de la TF así como las relaciones entre estos elementos; además, en el mismo artículo muestra, de forma argumentada, las diferencias entre la TF y los métodos cualitativos de análisis de datos. Veamos entonces, el procedimiento que defiende Glaser con tanto ardor.

Para la "escuela glaseriana", el análisis comienza con una codificación abierta, línea por línea, trabajando con códigos propuestos por el investigador o con los llamados códigos en vivo, tomados directamente de los datos. Glaser llama la atención sobre la codificación abierta (open code) y cómo ésta conduce al descubrimiento de conceptos anclados en los datos, relacionados entre sí a través de hipótesis propuestas por el investigador y reagrupadas alrededor de una categoría central; así, *la teoría generada contiene en sí, el poder de explicar la dinámica del fenómeno.*

Según Glaser (2004[b]), la codificación línea a línea asegura el anclaje de las categorías conceptuales en los datos, impide perder incidentes que pudiesen ser de utilidad y asegura la saturación teórica de las categorías que emergen. Este autor, propone interrogar a la data (técnica que resulta muy útil para el investigador novato) y presenta las siguientes interrogantes:

> ...¿estos datos son el estudio de qué?, ¿este incidente reenvía a cuál categoría?, ¿qué es lo que está pasando con estos datos?, ¿cuál es la principal preocupación a la cual deben enfrentarse los participantes?, ¿cómo se explica la resolución continua de esta preocupación o interés?[4] (p. 9).

Con el apoyo de estas preguntas, el investigador comienza la codificación y avanza en la elaboración de las primeras categorías conceptuales, las cuales representan la esencia del desarrollo de la teoría. Para sustentar estas categorías, se añaden nuevos incidentes, entendiendo por incidentes aquellos eventos que reenvían a la categoría conceptual (Laperrière, 1997).

Cabe resaltar que para Glaser (2004[b]), el método comparativo constante sirve de apoyo para obtener las categorías conceptuales, las cuales muestran la evidencia o el bosquejo, de los patrones de comportamiento de los participantes en relación a un fenómeno social vivido por ellos. Los casos observados en la realidad no se consideran en sí mismos, sino que son tomados como 'episodios' de un mismo fenómeno social. Además, en la generación de TF, el muestreo teórico tiene como objetivo la colecta de nuevos datos, cuyas fuentes son identificadas de acuerdo al análisis emergente en la codificación abierta. De acuerdo a Glaser (2004[b]), la pregunta que debe hacerse el investigador es la siguiente: "¿Hacia cuáles grupos o sub-grupos debemos inclinarnos o dirigirnos para colectar nueva data y con cuál propósito teórico?"[5].

La comparación constante permite solidificar, es decir densificar y saturar las primeras categorías, luego de lo cual se pasa a lo que este autor llama la codificación selectiva. Glaser (2004[b]) define la codificación selectiva como la acción de: "... delimitar la codificación sólo hacia aquellas categorías que están relacionadas de manera suficientemente significativa con la variable

---

[4]Original en inglés: "What is this data a study of?, What category does this incident indicate?, What is actually happening in the data? What is the main concern being faced by the participants?, What accounts for the continual resolving of this concern?" (Glaser, 2004[b], p. 9).
[5]Original en inglés: "What groups or sub-groups does one turn to next in data collection and for what theoretical purpose?" (Glaser, 2004[b], p. 10).

central como para producir una teoría [caracterizada por ser] parsimoniosa" (p.11)[6]. En efecto, antes de pasar a la codificación selectiva, se ha identificado el "núcleo de categorías", es decir aquella categoría que es considerada como el centro alrededor del cual la teoría emerge y sobre el cual se sustenta. En la codificación selectiva, se explica *cómo se está resolviendo* la situación específica que enfrentan los participantes y sólo se pasa a esta codificación, después de que se ha podido identificar el núcleo de categorías conceptuales que explican el objeto de estudio.

La TF no se utiliza sólo para estudiar el proceso de un determinado fenómeno sino que puede ser usada para cualquier problema o preocupación que interese al investigador, sin importar si esta inquietud se refiere a un aspecto del fenómeno como por ejemplo, los orígenes del fenómeno o dos dimensiones del mismo. En suma, el núcleo de categorías que caracterizan el objeto de estudio puede ser de cualquier tipo: condiciones, una o más dimensiones, orígenes, consecuencias, jerarquías o rangos, entre otros (Glaser, 1978). En suma, en la TF clásica, la comparación de un incidente con otro y posteriormente, la comparación de un nuevo incidente con el grupo de categorías permite la emergencia de una categoría principal, claramente vinculada al resto de las categorías y que se convierte en el "centro" de una teoría cuyo valor explicativo es suficientemente fuerte como para revelar lo que sucede en el fenómeno que se estudia.

Posteriormente, y sólo después de que se ha llegado a la identificación del núcleo de categorías y a la categoría central, se podrá consultar la literatura. Glaser considera que la literatura existente es un tipo de dato más, que debe ser incorporado a la teoría emergente en la data. Nótese que esta documentación es utilizada para complementar la teoría substantiva *y no para contrastarla*.

Ahora bien, las precisiones procedimentales antes mencionadas en relación a la TF clásica surgen luego de la aparición de la obra de Strauss y Corbin en 1990, momento en el cual estos últimos plantean una reformulación de la metodología original. Esta perspectiva es la que veremos a continuación.

Strauss y Corbin: la reformulación de la TF

A pesar de los esfuerzos realizados luego de la primera publicación de *"The Discovery of the Grounded Theory"*, subsistían las dudas sobre la forma de trabajar con los datos. Surge, entonces, la propuesta de Strauss y Corbin quienes, en 1990 abren nuevos caminos en cuanto a los procedimientos a seguir para elaborar TF. En esta reformulación de los fundamentos de la TF, se

---

[6]Original en inglés: "… to delimit coding to only those variables that relate to the core variable in sufficiently significant ways as to produce a parsimonious theory" (Glaser, 2004[b], p.11).

introducen especificaciones bastante detalladas en cuanto a los procesos de colecta y análisis de la data y se proponen una serie de acciones que incluyen tipos diferentes de codificación. Desde esta perspectiva, muchos de los investigadores (de la Cuesta, 2006) señalan sentirse satisfechos ya que encuentran en esta propuesta, la respuesta al "cómo hacer"y al "cómo trabajar" con los datos.

Principios teóricos de la perspectiva reformulada de la TF

De acuerdo a la obra original de Strauss y Corbin (1990), la TF es una metodología: que se apoya en procedimientos sistemáticos para generar de forma inductiva, una teoría anclada en la data. Si bien algunos de los principios originales de la TF clásica se mantienen (muestreo teórico, sensibilidad teórica, saturación de categorías, categorización conceptual, comparación constante), se incorporan otras nociones y estrategias que desde la perspectiva clásica son altamente criticadas como se verá en el capítulo III.

Uno de los aspectos sobre el cual Strauss y Corbin pusieron más cuidado fue en el de subsanar la crítica inicialmente expresada sobre la TF clásica, en cuanto a la ausencia de indicaciones, suficientemente claras, sobre cómo tratar la data. En un esfuerzo de responder a esta expectativa, los autores proponen una serie de diferentes codificaciones: codificación abierta, axial y selectiva, procedimientos mediante los cuales se alcanza la elaboración teórica y que serán detallados en breve.

Otra de las nociones incorporadas en esta reformulación de la TF es la llamada matriz condicional (Strauss y Corbin, 1990) y posteriormente, matriz condicional/consecuencial (Strauss y Corbin, 1998ª), dispositivo que le permite al investigador mantenerse alerta y atento, es decir sensible a los datos en lo que concierne las condiciones de origen del fenómeno, a sus posibles causas, a las acciones e interacciones que en él se presentan.

A pesar de que se trata de una matriz si se quiere de carácter general, con "indicaciones" de aquello que suele surgir en la mayoría de los análisis, Glaser reclama a la llamada "escuela straussiana", la utilización de esta especie de plantilla de categorías previas, forzando a que los datos digan aquello que no necesariamente están diciendo. La comparación continua permitiría indagar sobre aquellos aspectos de la plantilla que no fueron suficientemente investigados y se buscan, entonces, nuevos informantes, quienes ponen de manifiesto y realizan aquello que no necesariamente se hubiera destacado de no haber usado la matriz condicional/consecuencial.

Por último, en lo que concierne al proceso de pensamiento del investigador, los autores señalan explícitamente que se trata de una teoría generada inductivamente. Sin embargo, Reichertz (2007) precisa que en esta reformulación de la TF, los autores dejan más espacio a los conocimientos que pueda traer consigo el investigador, dejando en segundo lugar, el camino inductivo al acercarse a la data. Podría decirse que, desde esta perspectiva straussiana, la teoría es generada de forma inductiva y deductiva a partir de un proceso donde la experiencia del investigador y los conocimientos que posee son admitidos y tomados en cuenta durante el análisis de la data.

Los supuestos onto-epistemológicos en la perspectiva straussiana

Glaser y Strauss (1967) proponen la TF en una época en la cual la tradición de investigación en sociología atravesaba por un cambio, ya que se imponían los métodos cuantitativos por encima de la investigación de campo cualitativa. Esta última había recibido numerosas críticas relacionadas con las dificultades para analizar los datos y por ello, se veía desplazada por los métodos cuantitativos, más claros y específicos, más precisos y mejor estructurados (Charmaz, 2006).

Sin embargo, moviéndose hacia modelos epistémicos como el Pragmatismo y el Interaccionismo Simbólico, podríamos decir que Strauss se impregnó completamente de la tradición etnográfica propia de la Escuela de Chicago, donde el Pragmatismo busca entre otras cosas, el sentido otorgado a las acciones y el Interaccionismo Simbólico sugiere que la realidad y los seres humanos están relacionados a través de la interacción de unos con otros, además de estar unidos mediante el lenguaje y la comunicación. Strauss se enfoca, entonces, en una perpectiva de la TF donde se da gran valor al sentido y al significado que otorgan los actores sociales al fenómeno. Ya no se trata de la sociedad condicionando al individuo, sino de éste interactuando con la sociedad mediante procesos dinámicos y plenos de significado: el ser humano actúa para expresar el sentido que da a las cosas, a los procesos y a su interacción con otros.

Ontológicamente podemos considerar que la realidad, de la vivencia expresada por los actores, interactúa con ellos mismos y es expresada por cada uno de ellos, de maneras diferentes, siempre impregnadas por sus subjetividades individuales. La realidad ya no es externa, sino interna, al investigador, y los eventos no tienen vida propia, no existen fuera de la relación formada por quien investiga y quienes experimentaron el evento estudiado. Por tanto, la relación (S-O) es de una interrelación que permite estudiar un fenómeno donde la propia subjetividad del investigador y las subjetividades de los participantes se entremezclan y destilan sus colores, tiñendo la teoría emergente.

Los procedimientos para generar TF desde la perspectiva straussiana

Aún cuando Glaser reclama la erosión que sufre la TF, algunos autores (Briant, 2002 y Wagenaar, 2003, citados en Raymond, 2005) consideran que la TF no puede hacer abstracción de los nuevas propuestas de aproximación y análisis de la realidad donde el investigador y el objeto de estudio construyen realidades complejas frente a las cuales, el investigador debe mostrarse reflexivo, crítico y consciente de la complejidad que caracteriza el fenómeno de su interés.

Es así como una de las características de la reformulación propuesta por Strauss y Corbin (1990) es la serie de codificaciones que se siguen al analizar la data. En efecto, los autores comienzan con la codificación abierta (open coding), etapa que es definida como "…el proceso de romper, examinar, comparar, conceptualizar y categorizar la data" (Strauss y Corbin, 1990, p.61)[7]. En este caso, romper la data debe entenderse como fragmentarla, desmenuzarla para comenzar a codificarla. La comparación sucesiva de códigos permite establecer las primeras categorías que no son más que conceptos mayores que agrupan códigos bajo la forma de propiedades con sus respectivas dimensiones. Las propiedades de una categoría son: "… los atributos o características que pertenecen a una categoría"[8] (Strauss y Corbin, 1990, p.61). En cuanto a las dimensiones, se refiere a la: "…localización de las propiedades a lo largo de un continuo"[9] (Strauss y Corbin, 1990, p.61). En resumen, tal como se ilustra en la fig.1, las categorías conceptuales propias de la TF poseen dos niveles: el nivel de las propiedades y el de sus respectivas dimensiones.

Cabe resaltar que para romper la data y comenzar la codificación, Strauss y Corbin (1990) proponen interrogar a la data. Cada pregunta permite estimular la sensibilidad del investigador y provocar nuevas interrogantes que faciliten la elaboración de las categorías junto a sus propiedades y dimensiones: "¿quién?, ¿cuándo?, ¿dónde?, ¿qué?, ¿cómo?, ¿cuánto? y ¿por qué?"[10] (p.77). Al dirigirse a la data y plantear estas preguntas, resulta más sencillo comenzar y proseguir con la codificación abierta.

---

[7]Original en inglés: "*Open Coding* [is] the process of breaking down, examining, comparing, conceptualizing, and categorizing data" (Strauss y Corbin, 1990, p.61)

[8]Original en inglés: "*Properties* [are] Attributes or characteristics pertaining to a category" (Strauss y Corbin, 1990, p.61)

[9]Original en inglés: 2*Dimensions* [are] locations of properties along a continuum" (Strauss y Corbin, 1990, p.61)

[10]Original en inglés: "Who?,When?, Where, What?, How?, How much? And Why?" (Strauss y Corbin, 1990, p.77)

La codificación axial representa la segunda etapa del procedimiento propuesto por Strauss y Corbin (1990, p.96) y consiste en: "... un grupo de procedimientos mediante los cuales la data es colocada en perspectiva y agrupada de maneras diferentes luego de la codificación abierta, realizando conexiones entre las categorías"[11]. En esta etapa, los autores proponen utilizar lo que ellos llaman la matriz paradigmática o matriz condicional/consecuencial, que está constituida por las condiciones, el contexto, las estrategias de acción e interacción y las consecuencias dentro del objeto de estudio.

Conviene en este punto especificar a qué se refiere la matriz condicional/consecuencial ya que ella determina el análisis subsiguiente. La matriz fue diseñada con la intención de facilitar la construcción de categorías y determinar las relaciones entre ellas, una vez que, dichas categorías hayan sido colocadas en perspectiva. Es así como encontramos que en la matriz, uno de los criterios es el del contexto, entendiéndose por contexto:

> ... al grupo específico de categorías que pertenecen al fenómeno, esto es, la localización de los eventos o incidentes pertenecientes al fenómeno a lo largo de un rango de dimensiones. El contexto representa el grupo particular de condiciones dentro de las cuales tienen lugar las estrategias de acción e interacción (Strauss y Corbin, 1990, p.96)[12]

Asimismo, en la matriz se encuentran las condiciones causales, definidas como: "... eventos, incidentes o sucesos que conducen a la ocurrencia o desarrollo del fenómeno"[13] (Strauss y Corbin, 1990, p.96), se estaría hablando entonces de los orígenes, aquellos eventos que ocasionan, o que pueden ser considerados como la causa del fenómeno que se está estudiando. Además, la matriz presenta las llamadas condiciones intervinientes, definidas como: "... las condiciones estructurales que son el soporte de las estrategias de acción/interacción pertenecientes al fenómeno. Ellas facilitan o limitan las estrategias asumidas en un contexto específico"[14] (Strauss y Corbin, 1990, p.96).

---

[11]Original en inglés: "*Axial Coding* [is] a set of procedures whereby data are put back together in new ways after open coding, by making connections between categories" (Strauss y Corbin, 1990, p.96)

[12]Original en inglés: "*Context*. The specific set of properties that pertain to a phenomenon; that is, the localization of events or incidents pertaining to a phenomenon along a dimensional range. Context represents the particular set of conditions within which the action/interactional strategies are taken" (Strauss y Corbin, 1990, p.96)

[13]Original en inglés: "*Causal Conditions* [are] events, incidents, happenings that lead to the occurrence or development of a phenomenon" (Strauss y Corbin, 1990, p.96)

[14]Original en inglés: "*Intervening Conditions*. The structural conditions bearing on action/interactional strategies that pertain to a phenomenon. They facilitate or constrain the strategies taken within a specific context" (Strauss y Corbin, 1990, p.96)

Por último, la etapa de la codificación selectiva donde se trata de seleccionar el núcleo de categorías conceptuales relacionándolo con otras categorías y validando las relaciones establecidas, tratando de consolidar aquellas categorías que carecen de suficiente densidad y necesitan ser refinadas y desarrolladas[15]. Para Strauss y Corbin, el núcleo de categorías tiene que ver con el fenómeno central, alrededor del cual se integra el resto de las categorías[16].

Puede apreciarse que tanto la TF clásica como su versión reformulada mantienen en común el hecho de que las categorías deben ser conceptuales, poseer propiedades y éstas, a su vez, dimensiones. La concepción de lo que es una categoría conceptual y de la estructura de propiedades y dimensiones que la conforman, se mantiene en ambas perspectivas. Sin embargo, son varios los puntos de divergencia no sólo a nivel de los fundamentos paradigmáticos sino también de los procedimientos, aspectos que serán discutidos próximamente.

Antes de pasar a la perspectiva presentada por Charmaz, se debe acotar que la visión straussiana o reformulada de la TF es aceptada cada vez más en los diferentes círculos de investigación en Ciencias Sociales, lo cual ha dado lugar al desarrollo de varias propuestas particulares las cuales, apoyadas en los fundamentos onto-epistemológicos de la 'escuela straussianna', retienen ciertos elementos y ofrecen nuevos procedimientos para elaborar teoría. Se trata especialmente del caso de las propuestas de Pierre Paillé (1994), Naresh Pandit (1996), Adele Clarke (2005) y Anthony Bryant (2002 en Charmaz, 2005). La consulta de sus respectivas propuestas originales, proporcionará al lector los detalles precisos de cada una de estas variaciones de elaboración de TF, inspiradas en la 'escuela straussiana'.

Sin embargo, destaquemos que algunos de estos autores como Paillé, no tienen como meta la generación de teoría sino la elaboración de un análisis por teoría fundamentada. En efecto, el producto final que se obtiene es una teorización para lo cual en el análisis, se siguieron los pasos propuestos por Strauss y Corbin pero 'modelados' por Paillé, quien toma en cuenta tanto el producto final como el proceso para alcanzarlo (Mucchielli, 1996). En conversación personal sostenida con la profesora Dra. Lorraine Savoie-Zacj, docente de l'Université du Québec en Outaouais (UQO), se mencionaba que Paillé en especial, se había inspirado de Strauss y Corbin de quienes retuvo los distintos tipos de codificación abierta, axial y selectiva para proponer una técnica de análisis de seis etapas: codificación, categorización, relación entre

---

[15]Original en inglés: "*Selective Coding* [is] The process of selecting the core category, systematically relating it to other categories, validating those relationships, and filling in categories that need to further refinement and development" (Strauss y Corbin, 1990, p.116).
[16]Original en inglés: "*Core Category* [is] The central phenomenon around which all the other categories are integrated" (Strauss y Corbin, 1990, p.116).

categorías, integración de categorías, modelización y teorización. Sin embargo, esta investigadora resalta que en sus escritos: "...Paillé no menciona que está haciendo teoría sino un análisis por TF. Glaser y Strauss van mucho más lejos en su planificación metodológica con la noción de comparación constante, algo que Paillé no retuvo..."[17] (Savoie-Zajc, 2009, comunicación personal).

Por su parte, Bryant (2002, en Charmaz, 2005) reclama un "regrounding" de la TF tomando en cuenta los desarrollos metodológicos recientes (Charmaz, 2005). Al igual que Clarke, este autor reclama una TF más acorde con los tiempos actuales, donde la complejidad de las problemáticas sociales obliga a desarrollar perspectivas de análisis cónsonas con estas dinámicas.

En definitiva, la perspectiva de Strauss y Corbin ha inspirado a diferentes investigadores en el área de las Ciencias Sociales, cuyas reflexiones al utilizar la metodología han permitido el nacimiento de técnicas de análisis derivadas de la "escuela straussiana". En palabras de Charmaz (2005, p.509): "Estos movimientos de los teóricos fundamentados reflejan cambios en el enfoque de la investigación cualitativa"[18]. Veamos a continuación la perspectiva constructivista de la TF propuesta por Kathy Charmaz.

Kathy Charmaz: el enfoque constructivista de la TF

Kathy Charmaz, estudiante de doctorado en la Universidad de California, trabajó directamente con Glaser en varios de los seminarios doctorales; además, Strauss fue su tutor e interlocutor hasta la muerte del autor en 1996. Charmaz reconoce también la influencia que recibió al leer los trabajos de Thomas Kuhn así como del desarrollo epistemológico de los años 60' (Charmaz, 2006).

Charmaz (2000) hace explícita su crítica hacia la postura onto-epistemológica asumida por la TF clásica o glaseriana, lo cual origina la presentación de su propuesta: el enfoque constructivista de la TF. Se trata de una nueva postura que, de acuerdo a la autora, sería más congruente con los nuevos tiempos así como con las formas actuales de acercarse a la realidad y a los fenómenos sociales para estudiarlos y comprenderlos, a partir del significado otorgado por los actores.

---

[17]Original en francés: "Dans ses écrits, Paillé ne dit pas faire une GT mais une analyse par GT. Glaser et Strauss allaient beaucoup plus loin dans leur planification méthodologique avec la notion de comparaison constante par exemple, ce que Paillé n'a pas retenu" (Savoie-Zajc, 2009, communication personnelle).

[18]Original en inglés: "These moves by grounded theorist reflect shifts in approach to qualitative research" (Charmaz, 2005, p.509)

Principios teóricos de la perspectiva constructivista de la TF

Para Charmaz (2005, 2006), la TF es un método, basado en grandes lineamientos sistemáticos pero flexibles, para la colecta y el análisis cualitativo de datos; su finalidad es la de construir teorías ancladas en la data proveniente del estudio de un aspecto específico de la realidad social. En líneas generales, Charmaz respeta las nociones propias de la TF clásica como la sensibilidad teórica, la comparación constante, el muestreo teórico y la saturación de categorías conceptuales. Particularmente, la autora precisa que el término «grounded theory» hace referencia tanto al método de investigación como al producto de la misma (Charmaz, 2005). Esta perspectiva busca estudiar las acciones de los actores sociales en un determinado campo y el *significado* que ellos le atribuyen al aspecto estudiado.

Los supuestos onto-epistemológicos en la TF constructivista

La postura de Charmaz es bastante clara en cuanto a los supuestos onto-epistemológicos que sustentan su propuesta. En efecto, ella precisa que su propuesta se enmarca dentro de las corrientes interpretativas, específicamente en el constructivismo; sin embargo, en nuestra opinión, la postura de Charmaz corresponde al denominado 'constructivismo social' ya que el contexto y la relación de los participantes con éste, se suma al significado atribuido por las personas al evento estudiado; se trata de elementos de gran importancia que la autora considera en su propuesta.

Para ella, ninguna construcción teórica puede explicar fielmente la realidad, por lo que la TF no es más que *una interpretación*, una construcción de ésta. En la propuesta de Charmaz, el observador y el objeto observado (S-O) forman parte de una misma realidad co-construida por los actores sociales que se encuentran involucrados en ella, incluyendo al investigador. Más específicamente, Charmaz (2006) precisa:

> … Asumo que ni la data ni las teorías son descubiertas. Más bien, somos parte del mundo que estudiamos y de la data que colectamos. Nosotros *construimos* (*sic*) nuestras teorías fundamentadas a través de nuestras intervenciones pasadas y presentes [y de nuestra] interacción con la gente, con las perspectivas y con las prácticas de investigación (p.10)[19]

---

[19]Original en inglés: "… I assume that neither data nor theories are discovered. Rather, we are part of the world we study and the data we collect. We *construct* (*sic*) our grounded theories

Se puede decir, entonces, que Charmaz se identifica claramente con corrientes teóricas como el Interaccionismo Simbólico y el Constructivismo Social donde la interpretación, el significado y el contexto juegan un papel esencial.

Los procedimientos desde la perspectiva constructivista de la TF

En la perspectiva constructivista de la TF, se hace énfasis en la emergencia de los códigos por encima de la utilización de categorías previas. Codificar significa atribuir una etiqueta a ciertos segmentos de datos que representan lo que el segmento quiere decir. Al codificar se facilita la tarea de comparar, unos con otros, segmentos de data, actividad que permite familiarizarse y conocer no sólo los datos con los cuales se trabaja, sino también qué es lo que está pasando en el fenómeno y determinar aquellas áreas susceptibles de ser investigadas posteriormente.

En este sentido, la autora precisa que la codificación permite construir un marco a partir del cual se construye la interpretación, por lo que codificar significa:

> … marcar segmentos de data con una etiqueta que simultáneamente categoriza, resume y da cuenta de cada pieza de data (…) Tus códigos muestran cómo se selecciona, separa y ordena la data para comenzar una interpretación analítica de ésta… (Charmaz, 2006, p.43)[20]

La codificación está compuesta por dos pasos: la codificación inicial y la llamada "focused coding" o codificación centrada y tienen como objetivo elaborar un retrato de la significación y de las acciones manifestadas por los actores sociales. La codificación inicial se hace línea-a-línea, ya que Charmaz considera importante que el investigador se familiarice con sus datos y se enfrente cara-a-cara con ellos. Durante esta etapa se estudian fragmentos de data: palabras, segmentos de palabras o eventos. Charmaz (2006) señala que a medida que se codifica, el investigador se interroga dirigiéndose a la data: "Estas proposiciones, ¿hacia cuáles categorías teóricas podrían dirigirnos?"[21] (Charmaz, 2006, p.45). En la codificación inicial pueden usarse los llamados

---

through our past and present involvements and interaction with people, perspectives, and research practices" (Charmaz, 2006, p.10).
[20]Original en inglés: "… naming segments of data with a label that simultaneously categorizes, summarizes, and accounts for each piece of data (…) Your codes show how you select, separates, and sort data to begin an analytic accounting of them…" (Charmaz, 2006, p. 43).
[21]Original en inglés: "Which theoretical categories might these statements indicate?" (Charmaz, 2006, p.45)

códigos en vivo, es decir usar como códigos las palabras de los propios participantes.

Luego se pasa a la codificación centrada que permite analizar y sintetizar una gran cantidad de data. En la codificación centrada se seleccionan los códigos iniciales más útiles y se verifican éstos en relación a cantidades más extensas de la misma data (Charmaz, 2006). Los códigos así comparados dan lugar a la escritura de los primeros memos en los cuales el investigador incluye ideas e identifica brechas entre unos códigos y otros. Los memos iniciales permiten entrever cuáles de los códigos pueden ser elevados al nivel de categoría.

Para Charmaz, la escritura de memos es una tarea importante pues permite desarrollar las ideas que puedan surgir del análisis al comparar datos entre sí o datos con el análisis que se viene realizando. La escritura de memos también permite enfocar hacia aquellas áreas de interés para nuevas colectas de datos que densifiquen y consoliden la teoría.

Las páginas anteriores han presentado las tres perspectivas principales para elaborar TF. De su análisis resulta la relación de categorías que se presentan a continuación.

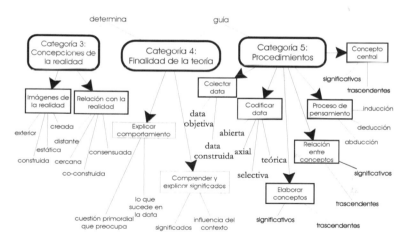

Figura 3: Relación entre categorías

La relación que se muestra en la figura 3 está integrada por tres categorías. La categoría 3, **Concepciones sobre la realidad** posee dos propiedades, las imágenes de la realidad y la relación con la misma, las cuales tienen que ver con la naturaleza de la realidad y cómo el investigador la

31

concibe y se relaciona con ella: para él la realidad es externa y distante o cercana y construida e interrelacionada con otros individuos.

La categoría 4, **Finalidades de la teoría** posee dos propiedades según sea la intención del investigador: éste puede explicar el comportamiento que siguen los participantes al manejar una determinada situación que constituye el objeto de estudio o la intención del investigador puede centrarse en resaltar el significado que dan estos participantes al fenómeno que está siendo estudiado.

Por último, la categoría 5, **Procedimientos** posee seis propiedades que la caracterizan pues ella tiene que ver con las diferentes etapas que constituyen los procedimientos para elaborar teoría fundamentada: la colecta de datos, las diferentes codificaciones que permiten desarrollar el análisis, el proceso de pensamiento del investigador, la elaboración de categorías conceptuales, sus relaciones y su posterior agrupación alrededor de una categoría central.

De las perspectivas expuestas en este capítulo resulta claro que existen semejanzas en cuanto a aspectos teóricos claves (muestreo teórico, categorías conceptuales, escritura de memos, saturación de categorías). Sin embargo, se constatan diferencias marcadas no sólo en relación a los supuestos onto-epistemológicos que subyacen en cada una de ellas, sino en lo que concierne a los procedimientos respectivos.

Es por ello que en el capítulo que sigue se presentarán las semejanzas y diferencias entre cada perspectiva, de forma tal que el contraste permita considerar las consecuencias de adoptar una u otra de estas perspectivas de generación de teoría.

LA TEORÍA FUNDAMENTADA: LA TOMA DE DECISIÓN ENTRE PERSPECTIVAS

En el presente capítulo se abordará en primer lugar la comparación entre las tres perspectivas descritas y analizadas en el capítulo anterior. Luego, se presentará la discusión de los resultados de esta comparación y las consecuencias que de ello se derivan.

Además, las posturas que otros investigadores han asumido frente a la diversidad de perspectivas existentes alrededor de la TF y sus implicaciones ontológicas, epistemológicas y metodológicas, también serán presentadas y discutidas. Con ello queremos situarnos en el contexto actual de debate e intercambio que se constata ampliamente en la documentación consultada.

La comparación de perspectivas

Al describir y analizar las diferentes posturas para generar TF, se constatan varias semejanzas, las cuales expondremos en primer lugar.

Semejanzas entre la perspectiva clásica, reformulada y constructivista

La primera semejanza es la aceptación unánime de que la teoría generada, debe estar anclada a los datos. Los autores concuerdan en que la teoría proviene de los datos y es "a partir" de ellos que se origina. Por tanto, los autores asumen que *la teoría no existe previamente* a la colecta de datos ni se busca verificar o confirmar una teoría como suele suceder en las investigaciones con enfoque positivista y post-positivista.

En este sentido, Charmaz (2006) precisa que: "Las perspectivas de Glaser y Strauss contrastan con la clásica postura lógico-deductiva [en investigación] ya que ellos comienzan por los datos y sistemáticamente surge el nivel conceptual a partir de sus análisis, manteniendo un fuerte anclaje en los mismos" (p.6)[22]

Asimismo, los autores coinciden al señalar que las categorías que surjan deben ser categorías conceptuales y no meras descripciones de eventos identificados en la data. Además, en líneas generales las categorías conceptuales deben poseer propiedades y dimensiones tal como se señaló en el capítulo I (fig.1). También coinciden al señalar que las categorías deben relacionarse entre sí y es al investigador a quien corresponde determinar dichas relaciones.

Otro aspecto de interés es el de la comparación constante. En efecto, los autores coinciden en que la colecta y el análisis de los datos debe hacerse de forma simultánea, con la posibilidad de regresar al campo para buscar nuevas informaciones. La comparación constante es el movimiento que permite elaborar las categorías, relacionarlas y generar la teoría. Apoyando esta afirmación encontramos también los trabajos de Green (1998) y Hallberg (2006) quienes aseveran la necesidad de comparar constantemente la data entre sí, es decir entre categorías y en relación a nuevos datos. Por su parte, Reed (2004) comenta que la comparación constante es un proceso iterativo de comparación constante de la data, involucrando tanto el proceso de inducción (identifica variables y áreas importantes en la data) como el de deducción (razonamiento deductivo para generar hipótesis a partir de los conceptos durante el proceso de análisis), lo cual garantiza la densificación de las categorías, la saturación de las mismas y la generación de la teoría.

Relacionado con este aspecto, se encuentra el muestreo teórico, en referencia al cual, los autores coinciden en señalar que éste no debe ser confundido con el muestreo intencional. Se trata de la búsqueda de aquellos informantes claves que son susceptibles de brindar la información necesaria que permitirá solidificar las categorías elaboradas.

El muestreo intencional implica la selección de criterios previos para elegir a las personas, es decir éstas deben cumplir con los criterios requeridos para un estudio particular; se trata, en suma, de un muestreo de personas y no de eventos. Mientras que en el muestreo teórico, los criterios iniciales para seleccionar los informantes claves varían a medida que se desarrolla el análisis de la data, ya que se busca a individuos que puedan brindar *información sobre un fenómeno*; se trata pues, de alimentar los conocimientos sobre el objeto de estudio, es decir, sobre el fenómeno, a partir de una amplia gama de informantes hasta alcanzar la saturación de categorías.

La necesidad de alcanzar la saturación de categorías es otra de las semejanza y para ello, el movimiento de comparación constante entre el análisis y la colecta de nuevos datos debe proseguir hasta que las categorías

---

[22]Original en inglés: "Glaser and Strauss's theorizing contrasted with armchair and logico-deductive theorizing because they began with data and systematically raised the conceptual level of their analyses while maintaining the strong foundation in data" (Charmaz, 2006, p.6).

estén suficientemente densas en sus propiedades y dimensiones. Si bien todas las perspectivas están de acuerdo en la necesidad de saturar categorías, no todas ellas utilizan la comparación constante de la misma forma ni para los mismos fines, diferencias que veremos más adelante.

Los autores también concuerdan en que el investigador debe acercarse al campo con un mínimo de conocimientos previos, es decir la revisión de las fuentes de información debe ser mínima de forma que el investigador realice la colecta de datos con pocos sesgos.

De igual manera, los autores concuerdan al mencionar que la escritura de memos permite al investigador plantear ideas, supuestos y/o posibles hipótesis y proposiciones entre los códigos y las categorías para determinar 'qué es lo que está pasando' en la data. Además, coinciden al decir que los memos facilitan la identificación de áreas o temas propios al fenómeno y que deberán ser explorados sistemáticamente. Charmaz (2006) especifica que: "... los usuarios de la TF toman estos códigos aparte y los analizan en los memos... Los memos proveen maneras de comparar data, explorar ideas sobre los códigos y redirigir la colecta de datos" (pp.11-12)[23]. Por último, los autores concuerdan que a partir de este proceso de análisis de la data surge una teoría llamada substantiva, es decir, una teoría que es localizada y que, en colectas y análisis posteriores puede llegar a ser una teoría general.

Para mayor comprensión del análisis que estamos realizando hemos pensado que sería útil resumir los hallazgos en tablas como la que se muestra a continuación.

Tabla 1: Semejanzas entre la perspectiva clásica, reformulada y constructivista en TF

1.- La teoría generada debe estar anclada a los datos
2.- Categorías conceptuales y no descripciones
3.- Categorías relacionadas entre sí
4.- Noción de comparación constante entre la colecta y el análisis de los datos, ambas acciones deben hacerse de forma simultánea
5.- Muestreo teórico: se añaden más informantes hasta saturación de categorías
6.- Necesidad de alcanzar la saturación de categorías
7.- Mínimo de conocimientos previos
8.- La escritura de memos permite al investigador plantear ideas, supuestos y proposiciones entre los códigos y las categorías.
9.- Los memos facilitan la identificación de áreas propias al fenómeno
10.- De este proceso de análisis de la data surge una teoría substantiva

---

[23]Original en inglés: "... grounded theorists take these codes apart and analyze them in memos... Memos provide ways to compare data, to explore ideas about the codes, and to direct further data-gathering" (pp.11-12).

Como puede observarse, las semejanzas entre las tres perspectivas tienen que ver con el aspecto metodológico, es decir con las nociones principales que conducen a la elaboración de teoría y que han sido ampliamente aceptadas en cada perspectiva.

No obstante, las diferencias se presentan en el resto de los aspectos considerados tales como los fundamentos paradigmáticos, los lineamientos teóricos y las etapas a seguir en los procedimientos.

Diferencias entre las perspectivas clásica, reformulada y constructivista y discusión de los hallazgos

Son numerosas las diferencias constatadas entre las tres perspectivas de generación de TF, tocando aspectos de suma importancia como son los fundamentos paradigmáticos, las técnicas e instrumentos de colecta y el análisis de datos así como los productos finales que se obtienen y el proceso de pensamiento del investigador.

En vista del número y variedad de las diferencias encontradas y haciendo el máximo esfuerzo para que el lector pueda seguir nuestros análisis, vamos a presentar primero las diferencias entre las tres perspectivas y enseguida seguirá la discusión sobre el aspecto o dimensión seleccionado. Procederemos de forma sistemática, comenzando por los fundamentos onto-epistemológicos, aspecto principal de esta discusión ya que de el se desprenden diferentes consecuencias.

Aún cuando pudiera parecer que los procedimientos constituyen el aspecto más importante y donde ciertamente se encuentran las diferencias más marcadas entre las tres perspectivas de la TF, esto no representa, en nuestra opinión, la dimensión más importante. Ciertamente, se trata de tres visiones que proponen tres maneras diferentes de elaborar teoría. Los tres procedimientos son válidos, tienen una lógica interna, buscan la elaboración de categorías conceptuales, el establecimiento de relaciones bajo la forma de proposiciones y finalmente, el reagrupamiento conceptual alrededor de una categoría central.

Sin embargo, insistimos en que aquello que constituye el aspecto de mayor importancia, viene representado por las diferencias en las dimensiones onto-epistemológicas que sustentan a cada una de las perspectivas, tal como se presenta y se discute a continuación.

Diferencias en los fundamentos onto-epistemológicos de las tres perspectivas

La primera de las diferencias es la que tiene que ver con los fundamentos onto-epistemológicos que sustentan cada una de las perspectivas. En efecto, del análisis de los textos originales y de aquellos libros y artículos que tratan sobre el tema se deduce que las tres perspectivas plantean, tácita o explícitamente, diferencias sustanciales en cuanto a la naturaleza de la realidad, la relación del investigador con su objeto de estudio, el interés del investigador cuando inicia una investigación y el tipo de producción de conocimiento que se pretende.

Puede observarse que la perspectiva clásica, defendida por Glaser presenta una postura post-positivista donde la realidad tiene una existencia propia exterior al sujeto que investiga, quien puede aprehenderla paulatinamente; los datos colectados posen existencia propia y pueden ser descubiertos por el investigador. La objetividad está garantizada pues el investigador, exento de sesgos y prejuicios, colecta los datos sin intervenir con ellos. El interés del investigador es el de 'explicar' un fenómeno social y su explicación, presentada bajo la forma de teoría, es un reflejo de la realidad estudiada.

Para Glaser y Strauss, en su obra original de 1967, se trataba de explicar eventos sociales pero esta vez partiendo de los datos mismos, de las experiencias vividas y señaladas por los actores sociales, quienes envueltos en las condiciones y circunstancias del evento, narraban el evento bajo estudio. En todo momento, de forma tácita, los autores se mantienen al margen de las narraciones de los individuos, en un esfuerzo máximo por no influir en su relato, de forma tal que esta narración reflejara enteramente la realidad vivida por la persona y recogida de forma *'cristalina'* por los investigadores. Así, se aseguraban de que la teoría generada poseía un poder explicativo generalizable a otros eventos sociales similares.

La perspectiva reformulada de la TF, defendida por Strauss y Corbin (1990) presenta una postura onto-epistemológica que se apoya en la Fenomenología, donde la naturaleza de la realidad pasa a ser cercana y se admite que el investigador interpreta y busca comprender la realidad con la cual interactúa. Efectivamente, el investigador se reconoce como sujeto subjetivo, poseedor de valores y creencias que sin duda inciden en las interpretaciones que hace de la realidad estudiada. La objetividad ya no es la meta a alcanzar como tampoco lo es la explicación del fenómeno, al contrario, el interés del investigador se sitúa en la *'comprensión'* de aquello que estudia. Son los relatos de los actores sociales, quienes a través de sus narraciones, exponen contenidos explícitos y contenidos implícitos o latentes que son interpretados en el momento del análisis y presentados bajo la forma de teoría.

Para Strauss y Corbin (1990) influenciados fuertemente por la Fenomenología, el Pragmatismo y el Interaccionismo Simbólico, se trataba de *dar sentido* a los eventos sociales que eran estudiados, siempre tomando en cuenta la experiencia de la persona e interpretando la narración que ésta hace del evento en cuestión. Se admite una interrelación con la realidad y con los participantes y se abre espacio hacia la interpretación del sentido que estos actores sociales otorgan al fenómeno.

Por último, la perspectiva constructivista de la TF, defendida por Charmaz (2006) explícitamente declara que sus bases onto-epistemológicas corresponden al Constructivismo como marco de referencia donde la naturaleza de la realidad, así como la relación del investigador con su objeto de estudio son construidas. La intención del investigador es la de comprender lo que sucede en la situación social y resaltar el significado que los participantes dan al evento estudiado. La subjetividad del investigador, su interpretación, valores y creencias son admitidos así como su influencia al momento de colectar y analizar los datos. El investigador y sus participantes se mantienen en una relación de construcción de la realidad narrada por estos últimos, donde la interpretación, los valores y creencias del investigador forman parte de esa realidad construida entre unos y otros.

Charmaz (2006) admite haber sido influenciada por el Interaccionismo Simbólico y las nuevas concepciones en cuanto a la naturaleza de la ciencia, propuestas en su momento por Thomas Kuhn. Para ella, el investigador forma parte del mundo que estudia y su intención es destacar la significación que los actores dan al evento estudiado. La autora parte explícitamente del supuesto de que ninguna teorización puede dar cuenta completa de la realidad estudiada.

Para Charmaz, las categorías no emergen de los datos como si tuvieran vida propia, tampoco se descubren teorías sino que éstas se co-construyen entre los actores sociales y el investigador.

La tabla No.2 presenta una síntesis de las diferencias referidas a los fundamentos paradigmáticos.

Tabla 2: Diferencias en los fundamentos paradigmáticos

TF	Perspectiva Clásica	Perspectiva Reformulada	Perspectiva Constructivista
Posición paradigmática	Post-positivista	Naturalista-Interpretativa Fenomenología	Constructivismo-Interpretativismo
Corriente teórica	Realismo crítico	Pragmatismo Interaccionismo simbólico	Construccionismo Social
Naturaleza de la realidad	Realidad objetiva exterior al investigador	Realidad subjetiva	Realidad co-construida
Relación del investigador y el objeto de estudio	Distante	Interacción con la realidad Subjetividades	Interrelacionada
Interés del investigador	Descubrir y explicar el comportamiento de actores sociales resolviendo una determinada cuestión	Comprensión e interpretación de la realidad con la que interactúa	Co-construcción de significados sobre eventos experimentados vividos por los actores sociales

Discusión de los fundamentos paradigmáticos

De la presentación anterior y de la tabla-resumen, se puede observar claramente que los fundamentos paradigmáticos de cada perspectiva son diferentes. Pero vayamos más allá en nuestra apreciación y reflexión, para tomar consciencia de algo más importante: de estas diferencias paradigmáticas se derivan posiciones también diferentes, al momento de *colectar y analizar la data.*

Al aceptar que la perspectiva glaseriana o clásica de la TF se apoya en fundamentos onto-epistemológicos propios del post-positivismo, bajo la corriente epistemológica del realismo crítico, se acepta que en la TF clásica, el investigador mantiene un doble distanciamiento: primero en relación a los participantes al colectar datos y segundo, se distancia de los datos durante el análisis.

En consecuencia, al momento de codificar el investigador se enfoca en aquello que fue *mencionado explícitamente* por los participantes y no destaca otra cosa que pudiera ser deducida, inferida o supuesta, es decir, el investigador mantiene una actitud distante en referencia al objeto de estudio. Esta actitud del investigador implica que en la etapa de codificación, al analizar los datos y adjudicar códigos, éstos reflejan lo dicho por los actores y no aquello que podría deducirse. Los códigos se apegan estrictamente al contenido explícito del relato y no al contenido latente o implícito que pudiera existir. Podríamos hablar entonces de la utilización de 'códigos fríos', que sólo reflejan la manifestación explícita que brinda el informante.

Sin embargo, en la perspectiva strausiana o reformulada de la TF (Strauss-Corbin), apoyada en una postura onto-epistemológica pragmática y fenomenológica, la distancia entre el investigador y su objeto de estudio no existe, pues se encuentran en una situación de interrelación con respecto a la realidad particular que se quiere estudiar. Se asume que el investigador, poseedor de una subjetividad individual, influye en el análisis que realiza sobre las narraciones de los actores, mediante el 'filtro' que representa su interpretación. Los datos así colectados pueden llamarse 'datos co-creados' entre el investigador y los participantes.

Ahora bien, dada la participación del investigador dentro de esa realidad, al momento de codificar, éste colocará códigos que podrían ser llamados 'códigos cálidos' pues dichas etiquetas son asignadas de acuerdo a la interpretación personal, y por tanto subjetiva, del investigador. Se trata de códigos que representan la manifestación explícita del participante así como aquella que se halla latente, ya que el investigador busca develar la significación que los participantes conceden al evento que se está estudiando.

En este sentido, hemos encontrado que autores como Mills, Bonner y Francis (2006) señalan expresamente: "La forma que tome la teoría fundamentada reposa sobre la aclaratoria de la naturaleza de la relación entre el investigador y el participante y en una explicación del campo de lo que puede ser conocido" (p.2)[24]. Estos autores proponen que la cuestión de la TF puede ser vista como un proceso evolutivo en una espiral epistemológica donde se pasó de una ontología objetivista con una realidad dada, para asumir una postura relativista donde "...el mundo consiste en múltiples realidades individuales influenciadas por el contexto" (p.2)[25]

Por otra parte, la TF constructivista defendida por Charmaz especifica que se encuentra sustentada en las corrientes interpretativistas, y sus bases onto-epistemológicas se apoyan sobre una realidad y un conocimiento que son construidos entre el investigador y sus participantes; el mundo de subjetividades que todos ellos representan es admitido y bienvenido como parte del estudio.

Puede decirse que los datos son co-construidos y los códigos asignados son cálidos, la subjetividad del investigador impregna todos los procesos desde la colecta y análisis de datos hasta la elaboración de la teoría,

---

[24]Original en inglés: "The form of grounded theory followed depends on a clarification of the nature of the relationship between research and participant, and on an explication of the field of what can be known" (Mills, Bonner y Francis, 2006, p.2)
[25]Original en inglés: "...the world consist of multiple individual realities influenced by context"(Mills *et al.*, 2006, p.2)

la cual debe representar la *significación* concedida por los actores al evento estudiado.

En la perspectiva constructivista de la TF se da especial importancia a la significación que los actores otorgan al evento vivido, aspecto éste bastante criticado por Glaser (2002, 2004ª y 2004ᵇ) cuando señala que resaltar esta significación corresponde más a los objetivos de la investigación etnográfica en la cual existe una preocupación especial por describir exhaustiva y detalladamente los pormenores del evento estudiado, ya que lo que se busca es la significación del mismo.

Por otra parte, Mills *et al.,* (2006) añaden lo que a su juicio constituye un aporte de la perspectiva constructivista de Charmaz y es el hecho de revelar al investigador como autor de la co-construcción de la teoría y del significado del objeto de estudio junto a los participantes. Podría decirse entonces que la relación S-O es estrecha e interdependiente en la construcción de una teoría que permite comprender el significado conferido por los participantes al evento estudiado.

Otros autores como Urquhart y Fernández (2006), se enfocan en un aspecto diferente de la controversia y plantean, lo que a juicio de ellos pueden ser los mitos alrededor de la TF. Uno de los mitos que señalan es la dualidad positivismo/interpretativismo relativa a la posición onto-epistemológica de la TF. Sin embargo, los autores en su artículo, lejos de discutir ampliamente este mito, se centran en resaltar la utilidad de la TF en el área de los sistemas de información y consideran escasamente las implicaciones que puedan tener las diferencias en los fundamentos paradigmáticos, sobre lo cual expresan que la:

> … TF ha sido caracterizada tanto como positivista como interpretativista por varios autores. Nosotros apoyamos el punto de vista de Charmaz (2006ª, p.9) cuando menciona que de varias maneras, la TF es neutral y puede ser vista como un contenedor dentro del cual se puede colocar cualquier contenido. Es más útil ir más allá de los debates epistemológicos para considerar las cuestiones prácticas al utilizar TF en el IS [interaccionismo simbólico] con todas las variaciones que su uso implica. La TF nos ayuda a construir teoría y es en este sentido que la TF debe ser vista por los investigadores del interaccionismo simbólico. Una de las cuestiones que hemos notado con la TF es que la gente encuentra duro el situarla en sus suposiciones epistemológicas precisamente a causa de las tensiones antes señaladas y la historia de los co-fundadores (Urquhart y Fernández, 2006, p.6)[26]

---

[26]Original en inglés: "…GTM, therefore, has been characterized both as positivist and interpretivist by various commentators. We support Charmaz's (2006a p.9) view that GTM is in many ways neutral, and can be seen as a container into which any content can be poured. It is helpful to move beyond debates about epistemology to consider the practical issues of using GTM in IS, with all the variations that use implies. GTM helps us build theory, and it is in this light that GTM should be viewed by IS researchers. One of the issues we have noted with GTM is that people find it difficult to place it within their epistemological assumptions,

Estamos de acuerdo con Urquhart y Fernández (2006) en que se trata de un método útil, que permite explicar y comprender diferentes fenómenos en Ciencias Sociales. Es justamente por esta gran utilidad que se deben clarificar los factores alrededor de la TF de manera que cada investigador esté consciente de las implicaciones al seguir una u otra de las perspectivas señaladas.

No obstante, sobre la base de la experiencia, no creemos que la TF sea neutral. Efectivamente, si bien existen semejanzas generales hay que destacar que la reflexión sobre el papel que juega cada uno de los elementos que integran a la TF (y que no son pocos), se percibe que las diferencias son sutiles y se centran nuevamente en la consideración de los supuestos ontológicos y epistemológicos que sustentan a cada perspectiva. De hecho, sin mayor profundización, los autores así lo declaran cuando sostienen que hay dificultades para ubicar a la TF en las creencias epistemológicas personales de algunos investigadores.

En fin, además de no estar de acuerdo en que la TF sea neutra, menos aún concordamos que ella pueda ser considerada como un contenedor en el cual se puede vaciar cualquier contenido.

Por último, Urquhart y Fernández (2006, p.6) precisan que el propio Glaser durante una conferencia afirmó lo siguiente: "… Déjenme ser claro. La TF es un método general. Él puede ser usado con cualquier data o combinación de data"[27] y en trabajos posteriores, Glaser (2004a, ¶4) ha señalado que: "… la TF puede ser generada bajo cualquier paradigma y con cualquier tipo de metodología, ya que 'todo es dato' sobre lo que está sucediendo"[28]. Evidentemente para Glaser, el asunto de los fundamentos paradigmáticos carece de importancia, sin embargo, en lo personal creemos necesario que el investigador precise los principios paradigmáticos que le sustentan.

Sin aportar juicios de valor en cuanto a la validez de una u otra perspectiva, consideramos que lo importante es que el investigador esté consciente de las diferencias en la codificación y elaboración de categorías y en el tipo de producto que obtiene, porque las teorías elaboradas mediante una u otra perspectiva no son del mismo tipo como veremos a continuación.

---

precisely because of the tensions noted above, and the history of the co-founders"(Urquhart y Fernández, 2006, p.6)

[27]Original en inglés: "… Let me be clear. Grounded theory is a general method. It can be used on any data or combination of data" (Urquhart y Fernández, 2006, p.6)

[28]Original en inglés: "… a GT can be generated with whatever the paradigma and the methodology for achieving it, as "all is data" about whatever is going on" (Glaser, 2004a, ¶4).

Diferencias en las teorías

De las diferencias y la discusión presentadas en párrafos anteriores, se derivan procedimientos y productos diferentes. En efecto, las teorías elaboradas siguiendo cada una de las perspectivas señaladas poseen características particulares.

Así, para la TF clásica, la teoría generada busca *explicar el comportamiento de los actores sociales* y puede definirse como una serie de categorías conceptuales interrelacionadas que representan los conceptos abstractos relacionados entre sí. Dicha teoría busca la generalización tomando en cuenta (comparando constantemente con) numerosas situaciones semejantes, por lo que se garantiza la densidad de las categorías conceptuales. Para la TF clásica, **la teoría generada va más allá del tiempo, del lugar y de las personas** cuyas narraciones fueron el origen, pues está constituida por los patrones de comportamiento que explican cómo las personas solucionan una determinada situación-problema.

Mientras que para la TF reformulada, una teoría podría definirse como un conjunto de conceptos bien desarrollados y relacionados mediante proposiciones; el todo representa un marco de referencia integrado que permite interpretar y comprender el objeto de estudio. La importancia de la teoría radica en *la comprensión e interpretación que hace el investigador* del evento estudiado, pero no existe necesariamente una relación causal que relacione los conceptos que conforman la teoría. Los valores caracterizan a estas teorías sabiendo que la verdad no es absoluta sino relativa y que las relaciones entre los actores sociales son también procesos y no sólo productos. En esta perspectiva, *las teorías son necesariamente localizadas* pues dependen en gran medida de la subjetividad de los participantes. Se trata entonces de teorías substantivas **dependientes del tiempo, del lugar y de los participantes**.

Finalmente, la perspectiva constructivista asume que tanto *los datos* como el *proceso de análisis* son construcciones sociales; el investigador se enfoca en el 'cómo' y en el 'por qué' de las acciones sociales presentes en una situación determinada y que implican un significado latente en el actuar de los participantes.

La teoría depende del punto de vista del investigador y asume, no sólo la interpretación que dan los participantes, sino que la teoría como tal es una interpretación del evento analizado. Se parte de la suposición de que el significado que dan los actores al evento vivido, se traduce en acciones e intercambios sociales. Toca al investigador, bajo esta perspectiva, comprender las acciones para luego acercarse al *significado escondido* detrás de ellas.

Al igual que en la perspectiva reformulada, la TF constructivista elabora **teorías que guardan estrecha dependencia con el lugar, el** *tiempo y los actores sociales, incluido el investigador*, pues todos ellos participaron desde sus distintas subjetividades, a la construcción de las vivencias y, por ende, a la elaboración de la teoría subjetiva. La tabla No.3 presenta una síntesis de las diferencias en relación a las teorías generadas en cada perspectiva.

Tabla 3: Diferencias en las teorías generadas

TF	Perspectiva Clásica	Perspectiva Reformulada	Perspectiva Constructivista
Finalidad de la teoría	Explicar y generalizar patrones de comportamiento	Interpretar y comprender significados	Construir significaciones Comprender el significado oculto en los propósitos de los participantes
Definición	Serie de categorías o conceptos abstractos relacionados mediante proposiciones	Serie de categorías o conceptos abstractos relacionados mediante proposiciones	Serie de categorías o conceptos abstractos relacionados mediante proposiciones
Características de la teoría	Trascendencia en el tiempo Independiente del lugar y de los grupos sociales participantes	Marco de referencia integrado Valores y verdades relativas Relaciones sociales consideradas como proceso y no sólo productos No generaliza Teoría localizada	Análisis como construcción social Interés en el cómo y el por qué de las acciones sociales Interpretación del evento analizado Dependencia del lugar, el tiempo y los actores sociales que participaron de su construcción.

Discusión en cuanto a las teorías elaboradas a través de las tres perspectivas

En opinión de Glaser, las teorías elaboradas en la TF clásica pueden ser ampliadas y pasar de ser una teoría substantiva y localizada, a una teoría general, cuyo *poder explicativo* traspasa las limitaciones del tiempo, de los lugares y de los participantes. Un ejemplo sería la teoría substantiva sobre el proceso de transformación de concepciones en relación a la actividad científica (Delgado, 2000) en la cual se observan tres grandes categorías: la complexificación cognitiva, la resistencia afectiva y la motivación. Esta teoría podría ser una teoría formal sobre 'modificación de concepciones' al incluir datos provenientes de la modificación de concepciones sobre la inmigración, la muerte, la investigación educativa, la discriminación por razones de inclinación sexual, entre otros. Se trata de llevar las categorías generadas en un contexto específico hacia su densificación y solidificación en otros contextos de tal forma que explique la modificación de concepciones como proceso general.

Asimismo, si la teoría substantiva se generara a partir de un estudio sobre el proceso comunicacional entre los miembros de una institución hospitalaria, la misma podría generalizarse tomando en cuenta otras instituciones de tipo jurídico, hotelero, educativo o religioso. Con estos ejemplos se pretende ilustrar que para la TF clásica las posibilidades de explicación son amplias y que pacientemente el investigador puede llevar las categorías conceptuales hasta un nivel de generalización que permita el fortalecimiento de la teoría (Glaser, 1999).

Sin embargo, desde las perspectivas reformulada y constructivista de Strauss-Corbin y Charmaz, una generalización tal y como acabamos de ejemplificarla, sería difícil de alcanzar ya que uno de los intereses del investigador es el comprender la significación que actores particulares, localizados en una época y lugar determinados, conceden a una situación particular.

Imaginemos una teoría, que elaborada sobre el entorno familiar de drogadictos, pretenda expandirse hacia una teoría formal. Desde las perspectivas que buscan la significación que dan los actores sociales a la situación analizada, podemos encontrar que la significación y las categorías y relaciones que la representan, son dependientes de subjetividades particulares, difícilmente generalizables. En este sentido, la teoría construida muestra la significación que para la familia tiene el hecho de que uno de sus miembros utilice sustancias estupefacientes; se trata de una construcción que depende estrechamente de un lugar y contexto específicos y, esta significación tiene que ver con la cultura, creencias y valores de las personas involucradas. Estas subjetividades serán difícilmente generalizables en una teoría formal tal y como lo propone la TF clásica de Glaser.

Destaquemos, igualmente, que el grado de conceptualización y de anclaje en la data tiene consecuencias en la validación de la teoría elaborada. En efecto, para Glaser es muy poco probable que los participantes se vean reflejados en una serie de conceptos que poseen un nivel de abstracción tan alto, que no necesariamente será reconocido por los actores sociales. Sin embargo, para Charmaz, los datos son reconstrucciones de la realidad, de las experiencias y no las experiencias en sí mismas. Por tanto, en su caso, pensamos que si podría ser posible que los participantes se reconocieran en la conceptualización efectuada, sobre todo si tomamos en cuenta que Charmaz hace hincapié en resaltar la significación que otorgan los actores sociales a la experiencia vivida.

Por otra parte, nuestras reflexiones nos han llevado a preguntarnos lo siguiente: si frente al hecho de que sólo en la TF clásica o glaseriana es posible alcanzar la generalización, ¿en las perspectivas de Strauss-Corbin y Charmaz, sería posible hablar, más bien, de *teorización*? Pensamos que sí.

¿Qué significa entonces teorizar? Teorizar significa elucidar la significación que tiene un evento particular, sobre el cual se ha podido elaborar una síntesis conformada por los elementos que forman parte del evento o de la situación estudiada y que permite comprender su significado. Más específicamente, para Paillé (1994, p.149), teorizar: "Es dilucidar el sentido de un evento, es enlazar en un esquema explicativo diversos elementos de una situación, es renovar la comprensión de un fenómeno mirándolo de forma diferente"[29] Se observa cómo la teorización también puede ser entendida como una renovación: dirigir la mirada de forma distinta sobre el objeto de estudio para que sea posible enriquecer la comprensión que ya se tiene sobre él.

Además, este mismo autor señala que teorizar no sólo significa producir una teoría, sino que el término implica a la vez, el proceso y el producto. Se trata, entonces, de la teoría como producto pero también del proceso de encaminarse hacia ella, mediante el análisis de los datos, hacia la producción de la teoría que permite comprender, en su contexto, el fenómeno estudiado (Mucchielli, 1996; Paillé, 1994).

Diferencias en relación al proceso de pensamiento del investigador

En la documentación analizada sobre la TF, nos llamó la atención el proceso de pensamiento del investigador cuando genera TF. Se trata de uno de los aspectos menos tratados por los investigadores, o al menos uno, al que no se le ha dado la relevancia que merece.

En efecto, desde la posición clásica, Glaser señala que la teoría se genera de forma inductiva admitiendo que si bien el investigador no es una tabla rasa, debe acercarse a la data con el mínimo indispensable de conocimientos sobre el objeto de estudio. Glaser otorga un amplio espacio al proceso inductivo, elaborando la teoría desde la data (aspectos particulares) hacia la teoría (aspectos generales). Se podría decir que va de las incidencias concretas mencionadas por los participantes, hacia la abstracción de lo que sucede con el comportamiento de los mismos al enfrentar el fenómeno.

---

[29]Original en francés: "C'est dégager le sens d'un événement, c'est lier dans un schéma explicatif divers éléments d'une situation, c'est renouveler la compréhension d'un phénomène en le mettant différemment en lumière" (Paillé, 1994, p.149)

En contraste, Strauss y Corbin, si bien precisan que se acercan a la data de forma inductiva, aceptan que el investigador posee conocimientos previos que lo guían al momento de la codificación y categorización, dos de las acciones principales que dan origen a la teoría.

Por último, destaquemos que en la perspectiva constructivista de la TF, Charmaz admite también el papel que juegan los conocimientos que posea el investigador y su influencia al momento de codificar, categorizar y proceder a la construcción de la teoría. Puede decirse que para las dos últimas perspectivas, tanto la inducción como la deducción son procesos sobre los que se apoya la teoría.

La tabla No.4 presenta una síntesis de las diferencias encontradas en cuanto al proceso de pensamiento del investigador durante el análisis de la data.

Tabla 4: Diferencias en el proceso de pensamiento del investigador

TF	Perspectiva Clásica	Perspectiva Reformulada	Perspectiva Constructivista
Proceso de pensamiento del investigador	Proceso inductivo	Proceso inductivo-deductivo	Proceso inductivo-deductivo

Discusión en cuanto al proceso de pensamiento del investigador al generar teoría

En lo referente al proceso de pensamiento, Strauss, Corbin, Charmaz y hasta el propio Glaser concuerdan en que el investigador se acerca a su objeto de estudio con conocimientos que provienen de sus vivencias y experiencias anteriores. Resulta evidente entonces, que estos conocimientos interactúan en el momento de la colecta y análisis de la data; se puede decir, entonces, que tanto la inducción como la deducción juegan un papel importante.

Esta afirmación es apoyada por Reed (2004), cuando esta autora menciona que los procesos inductivos y deductivos están en juego durante el proceso de generación de teoría. Ella explica que cuando se identifican los primeros conceptos se actúa de forma inductiva mientras que cuando se precisan relaciones entre categorías y/o comparaciones entre la data, se hace llamado a un proceso de pensamiento deductivo.

Sin embargo, cabe preguntarse ¿cómo las vivencias y experiencias vividas por el investigador influyen en el proceso de generación de teoría ya que no se puede menospreciar el rol que desempeñan los conocimientos previos que posee el investigador?

En este sentido, estamos de acuerdo con Reichertz (2007) en que el proceso de generación de TF ha sido posible mediante la utilización, de forma consciente o no, del proceso de *pensamiento abductivo*. En efecto, la abducción se apoya en la inducción y la deducción, que vienen a representar el carácter lógico del pensamiento racional, pero también se asienta en el *insight*, conocido en la documentación como la intuición y el cual proporciona el carácter intuitivo al pensamiento creativo que ayuda al investigador en la conceptualización.

Para Reichertz (2007), la abducción es definida como un modo de razonamiento o una actitud del investigador hacia los datos y resulta una noción atrayente e interesante para explicar de mejor forma, lo que en realidad sucede cuando el investigador utiliza la TF como método de análisis de datos. Una de las características de la abducción como modo de razonamiento, es la capacidad de hacer inferencias lógicas sobre lo que está sucediendo en la data.

Sin embargo, las competencias de la abducción no terminan aquí, pues el resultado es un conocimiento nuevo, una teoría cuya explicación es plausible y adecuada y, que en palabras de Glaser 'se ajusta a la data' ofreciendo una teoría con un poder de explicación amplio y profundo sobre aquello que ocurre en los datos.

Resaltemos que el proceso de pensamiento del investigador al utilizar la TF, se asemeja al proceso creativo de pensamiento científico. En efecto, cuando el científico se plantea un estudio, entra en un proceso de resolución de problemas. El pensamiento del investigador pasa entonces por cuatro etapas: la preparación, la incubación, la iluminación y la verificación (Paré, 1977 en Delgado, 1994). En la etapa de preparación, el investigador adquiere la información de base y toma consciencia del problema, de su naturaleza y características así como de las condiciones en las cuales se presenta y de las posibles vías de solución que se le ofrecen. En la TF, esta concientización de la cuestión no sólo ocurre al plantear el problema sino también durante las primeras acciones de colecta de datos. Comienza entonces la acumulación de información junto a las relaciones y asociaciones que se hacen entre ellas, con lo cual se pasa a la siguiente etapa: la incubación. El movimiento de comparación constante asegura que nueva data alimente las primeras categorías de análisis, sin que por ello el investigador conozca exactamente qué es lo que está sucediendo. La incubación se caracteriza por ser el momento en el cual, los procesos de pensamiento inconsciente actúan para reestructurar y ampliar la información recibida en la etapa de preparación. En la TF, la incubación se nutre del movimiento de comparación continua entre el análisis y la colecta sucesiva de nuevos datos.

Surgen entonces las primeras intuiciones las cuales, como piezas de un rompecabezas, favorecen la emergencia de una intuición definitiva, es la etapa de iluminación (Angers, 1985[b] en Delgado, 1994). En la TF, estas intuiciones se inician en el momento en que se crean las primeras categorías con sus propiedades y dimensiones, luego la asociación de categorías da lugar a nuevas categorías, más sólidas y densas, pasando de la codificación abierta a la axial, tomando el ejemplo de la "escuela straussianna".

Finalmente, la etapa de verificación permite al investigador modificar y refinar las categorías de acuerdo a la información que aporta la nueva data. Para la TF, la etapa de verificación se asegura mediante la comparación continua hasta la saturación de categorías.

Diferencias en los procedimientos para elaborar una TF

Los procedimientos son el aspecto donde ciertamente se encuentran las diferencias más marcadas, pues cada perspectiva posee sus propios procesos, conformados por etapas o pasos como veremos a continuación. Tengamos presente que las tres perspectivas mantienen un movimiento de comparación constante, que comienza en el momento en que el investigador se acerca al campo a colectar los primeros datos que son enseguida analizados; en síntesis, se debe recordar que éste es el movimiento propio de la TF, sin importar la perspectiva elegida.

En la TF clásica son sólo dos, las etapas para la elaboración de teoría. Efectivamente, la TF clásica comienza con una codificación abierta (open coding), línea por línea, de esta manera se elaboran los primeros códigos y categorías. La comparación constante permite alcanzar la saturación teórica y sólo después de que se ha alcanzado un cierto grado de densificación, se podrá identificar el núcleo de categorías y pasar a la codificación selectiva.

Al contrario, en la perspectiva straussiana o reformulada de la TF, las etapas son tres: codificación abierta, axial y selectiva; éstas se caracterizan por ser bastante específicas, amplias y laboriosas en cuanto a su ejecución. En primer lugar, se parte de una codificación abierta que fue definida como el proceso de fragmentación de la data para ser examinada y luego conceptualizada y categorizada.

La siguiente etapa es la de la codificación axial donde la data es agrupada siguiendo los ejes principales que surgen al relacionarlas entre sí (Strauss y Corbin, 1990). Destaquemos aquí que Strauss y Corbin proponen que esta etapa se realice a través de lo que ellos denominan el 'paradigma de codificación' es decir, una matriz que involucra: "… las condiciones, el contexto, las estrategias de acción y reacción y las consecuencias"[30](p.96). Para terminar, se tiene la codificación selectiva con el fin de escoger las categorías que cnstituyen el núcleo central de categorías conceptuales; dicho núcleo está relacionado estrechamente con la llamada categoría central, alrededor de la cual se integran el resto de las categorías.

---

[30]"[Making connections between categories] is done by utilizing a coding paradigm involving conditions, context, action/interactional strategies and consequences" (Strauss y Corbin, 1990, p.96)

En la perspectiva constructivista de la TF, las etapas propuestas por Charmaz (2006) son semejantes a las de Glaser y se limitan a dos: la codificación abierta, línea a línea tal y como lo propone la perspectiva clásica, pero con una codificación que busca esclarecer el significado de los propósitos de los participantes. Enseguida viene la etapa de codificación selectiva donde se escoge la categoría central, alrededor de la cual se relacionan las demás categorías.

La tabla No.5 presenta las diferencias encontradas en los procedimientos de análisis de datos según cada perspectiva.

Tabla 5: Diferencias en los procedimientos de análisis de la data

TF	Perspectiva Clásica	Perspectiva Reformulada	Perspectiva Constructivista
Procedimientos para el análisis de la data	Dos etapas: codificación abierta y selectiva o teórica	Tres etapas: codificación abierta, axial y selectiva	Dos etapas: codificación abierta y teórica

Discusión sobre los procedimientos para generar teoría desde las tres perspectivas

Para comenzar, mencionemos que la revisión de la literatura sobre la TF pone en evidencia la existencia de varios artículos que presentan el análisis y la opinión de investigadores quienes comúnmente utilizan los principios de la TF en sus investigaciones. Tal es el caso de Greckhammer y Koro-Ljungberg (2005) quienes presentan un análisis comentado sobre las posturas clásica y constructivista en las cuales se constatan fuertes diferencias y algunas incoherencias.

Básicamente, los autores se preguntan si trasladar los fundamentos de la TF clásica a otro terreno onto-epistemológico tendrá repercusiones, en cuanto a los procedimientos metodológicos de la TF. La respuesta es afirmativa como veremos a continuación, al discutir sobre los procedimientos de colecta, la codificación y categorización en cada perspectiva de elaboración de la TF

En la TF clásica, el procedimiento no posee más que dos pasos, sin embargo, la codificación abierta toma tiempo y esfuerzo, es allí donde se pone a prueba la sensibilidad teórica y la paciencia del investigador. Glaser (1978) ofrece una estrategia de sensibilización y ayuda para el investigador: las familias de códigos y que constituyen los llamados Procesos Sociales Básicos (PSB). Se trata de grupos de familias-códigos-guía que tienen como objetivo auxiliar al investigador en el proceso de codificación y categorización de la data.

Por su parte, en la perspectiva reformulada, Strauss y Corbin preocupados por sistematizar las etapas del análisis, proponen tres etapas y ofrecen variadas estrategias que buscan desarrollar la sensibilidad del investigador. De entre estas estrategias resalta la matriz condicional/consecuencial, cuyos criterios guían al investigador en el proceso de análisis. Estos criterios están relacionados entre sí y conducen a una localización de la teoría elaborada ya que ésta es dependiente del tiempo, lugar y participantes con los cuales se trabaje. No hay posibilidad de que se generalice ya que la matriz es aplicada destacando las causas, las consecuencias, las condiciones intervinientes y las acciones e interacciones asumidas por los participantes, es decir todo aquello que garantiza la presencia y desarrollo del objeto de estudio.

Al utilizar la matriz condicional/consecuencial, Strauss-Corbin en realidad lo que ofrecen es una plantilla previa para la etapa de codificación axial, contraviniendo uno de los principios de la TF clásica que es la de no forzar los datos, no imponer aquello que aún no ha surgido en ellos. Podríamos preguntarnos si con el uso de la matriz condicional/consecuencial se pretende asegurar la progresión del análisis, sin embargo, esto no podría asegurarse ya que ciertamente no es este progreso el que guía las subsiguientes colectas de datos, sino la matriz en cuestión. El investigador debe esforzarse por buscar nuevos datos, hacer nuevas entrevistas donde se interroga a los participantes sobre aquellos criterios presentes en la matriz y que no necesariamente serían mencionados por los entrevistados.

Puede decirse que para Strauss y Corbin, el muestreo teórico funciona para llenar vacíos en las propiedades de las categorías y 'rellenar' aquellos criterios establecidos en la matriz. Para Glaser, el muestreo teórico busca consolidar el núcleo de categorías mediante la comparación constante.

Diferencias en las Técnicas de Colecta de Datos

Mientras que para Glaser, toda información puede ser tomada como un dato y se pueden utilizar todo tipo de técnicas e instrumentos de colecta de datos, este autor señala que al entrevistar, el investigador debe escuchar abiertamente aquello que los participantes tienen que decir, con el mínimo de intervenciones de su parte:

> Como metodología abierta, generadora y emergente, la TF proporciona un enfoque honesto hacia la data que permite la emergencia de la organización natural de la vida substantiva. El investigador en TF oye como los participantes ventilan sus cuestiones

en vez de alentarlos a hablar sobre una materia de escaso interés (Glaser, 2004b, p.8)[31]

La intención es permitir que se revelen aquellos aspectos, comentarios y vivencias que el propio entrevistado decide mencionar y no aquello que se puede obtener con un re-pregunteo específico que tiene por objeto la obtención de cierto tipo de información por encima de otra.

Sin embargo, para Strauss y Corbin (1990, pp.182-183) es importante que el investigador desarrolle un equilibrio al realizar la colecta de datos, sobre todo al entrevistar:

… cada investigador debe ser experto en las técnicas de entrevista y observación, y a veces en la investigación documental […] en realidad entrevistando y observando ajustará su entrevista y observación para decidir inmediatamente sobre el foco, qué preguntar y dónde mirar [32]

Asimismo, Charmaz (2006), señala que la técnica y el instrumento utilizados para colectar datos influencian aquello que se recoge:

Aunque los métodos sean simplemente herramientas, ellos realmente tienen consecuencias (…) Así como los métodos que escogemos influencian lo que vemos, así también lo que traemos al estudio también influye en lo que podemos ver (…) Ni el observador ni el observado vienen a una escena sin haber sido tocados por el mundo [por las experiencias vividas] (p.15).[33]

La tabla No.6 presenta las diferencias en relación a las técnicas de colecta de datos de acuerdo a cada perspectiva.

---

[31]Original en inglés: "As an open, generative and emergent methodology, GT provides an honest approach to the data that lets the natural organization of substantive life emerge. The GT researcher listens to participants venting issues rather than encouraging them to talk about a subject of little interest" (Glaser, 2004b, p.8).
[32]Original en inglés: "… every researcher must be skilled in interviewing and observational techniques, and sometimes in documentary research […] While actually interviewing and observing so as to will be adjusting your interviewing and observing so as to decide immediately on the focus, on what to ask, and where to look" (Strauss y Corbin, 1990, pp.182-183)
[33]Original en inglés: "Although methods are merely tools, they do have consequences (…) Just as the methods we choose influence what we see, what we bring to the study also influences what we can see (…) Neither observer nor observe come to a scene untouched by the world" (Charmaz, 2006, p.15).

Tabla 6: Diferencias en las técnicas de colecta de datos

TF	Perspectiva Clásica	Perspectiva Reformulada	Perspectiva Constructivista
Técnicas de colecta de datos	Entrevista abierta Observación	Entrevistas en profundidad Observación	Entrevista en profundidad Observación

Discusión sobre las técnicas de colecta de datos

Aparentemente en las tres perspectivas de la TF podría utilizarse cualquiera de las técnicas e instrumentos de colecta de datos. Sin embargo, al considerar la posición onto-epistemológica del investigador y su intención, hay que destacar que la entrevista abierta es la técnica que mejor corresponde a los requerimientos de la TF clásica. En efecto, la visión clásica de la TF pretende que de los datos, surjan las categorías sin forzarlas; la entrevista abierta plantea pocas preguntas y permite al entrevistado desenvolverse a sus anchas, sin coacciones y sin las re-preguntas propias de la entrevista en profundidad.

Al contrario, las perspectivas reformulada y constructivista de la TF, busca insistentemente a través del re-pregunteo propio de la entrevista en profundidad, comprender el significado que tiene el evento para los actores. La entrevista en profundidad facilita que el entrevistado se enfoque en aquello que podría ser de utilidad al investigador y que le permitirá luego de la saturación de categorías, resaltar la significación dada por los actores al evento estudiado.

El centro de esta cuestión reside en el forzar o no, la emergencia del significado. El significado que una persona da a un fenómeno o experiencia vivida no es algo de lo que ésta hable abiertamente o de primera intención, aún si la pregunta va dirigida en esa dirección. Por tanto, el investigador podría verse tentado, consciente o inconscientemente, a 'forzar' la emergencia de respuestas, a partir de las cuales se pueda construir la significación que tiene para estos actores el aspecto estudiado.

A esta posición se opone Glaser cuando precisa que no se deben forzar las respuestas de los actores. Por el contrario, la TF clásica promueve la visión de un investigador paciente ante la libre expresión de sus entrevistados, con el mínimo de intervenciones posibles, de forma tal que sea la propia persona quien narre aquellos aspectos que, por parecerle relevantes, los incorpora en la entrevista.

Como se deduce de los planteamientos anteriores, es muy marcada la diferencia entre las perspectivas, cuando se trata de la colecta de datos. Sin embargo, no es sólo en la colecta donde se encuentran diferencias, sino que la etapa de codificación también ofrece contrastes notables, como se verá a continuación.

Diferencias en lo que se considera 'dato'

Además de las diferencias en cuanto a las técnicas e instrumentos de colecta, encontramos discordancias en relación a la concepción que manejan Glaser y Charmaz sobre lo que se entiende por 'dato'. En efecto, para Glaser el dato es un incidente o evento que se produce y es narrado por el participante. En entrevista, el participante narra su experiencia y la manifestación explícita de sus palabras es lo que la TF clásica considera como un dato. No existe la posibilidad de 'construir' pues los propósitos del participante son tomados tal y como son mencionados.

Mientras que en la perspectiva de Charmaz, se habla de 'dato construido' es decir, la reconstrucción del evento, ya que para que emerja el significado de este incidente, es necesaria la participación tanto de quien lo vivió como de aquel que busca resaltarlo; se trata de una co-construcción entre el investigador y el participante: "... los datos son construcciones narrativas... Ellos son la reconstrucción de la experiencia, ellos no son la experiencia misma... los datos son reconstrucciones" (Charmaz, 2000 en Glaser, 2002[b], p.4)[34]. La tabla No.7 presenta las diferencias en cuanto a lo que se considera dato

Tabla 7: Diferencias en cuanto a lo que se considera dato

TF	Perspectiva Clásica	Perspectiva Reformulada	Perspectiva Constructivista
Dato	Incidente narrado por el participante Todo es dato La documentación es un tipo de dato	Incidente narrado por el participante e interpretado por el investigador	Dato construido: construcciones narrativas

Veamos enseguida las diferencias en cuanto a la forma de codificar desde una u otra perspectiva, lo cual enriquecerá aún más la discusión que le sigue.

Diferencias en la codificación

La codificación representa el primer contacto del investigador con la data y si bien las tres perspectivas están de acuerdo en la simultaneidad entre la colecta

---

[34]Original en inglés: "But data are narrative constructions... They are reconstruction of experience, they are not the experience itself... data remains reconstructions" (Charmaz, 2000 en Glaser, 2002[b], p.4)

y el análisis, la etapa de codificación es enfocada de manera diferente por cada perspectiva.

Para la TF clásica, la codificación se atiene estrictamente a los datos, es decir a lo expresado claramente por el entrevistado y no a aquello que, en opinión del investigador, podría deducirse. En este sentido, pareciera que las 'formas' de codificar difieren de una perspectiva a la otra, apreciación apoyada por Boychuk y Morgan (2004) cuando estos autores señalan que el grado de anclaje de la teoría difiere según sea el énfasis epistemológico de cada perspectiva. Glaser sugiere una conceptualización abstracta, es decir, una teoría apoyada en un grupo abstracto e integrado de categorías conceptuales mientras que la perspectiva straussiana se percibe como una descripción detallada (Lamp y Milton, 2007).

Para las perspectivas reformulada y constructivista de la TF, la codificación debe tener en cuenta no sólo los contenidos explícitos formulados por los participantes, sino también 'aquello' que los actores sociales quisieron decir, aquello que no ha sido explicitado en palabras pero flota en el aire y tiene que ver con la significación que la persona le da al evento de estudio.

Charmaz (2006) particularmente, señala que es importante recoger la esencia de esa significación, sin la cual el análisis carece de sentido. A continuación, la tabla No.8 presenta las diferencias referidas a la etapa de codificación.

Tabla 8: Diferencias en la codificación

TF	Perspectiva Clásica	Perspectiva Reformulada	Perspectiva Constructivista
Codificación	Se atiene estrictamente a la data explícita	Se considera el contenido explícito y el contenido latente de los datos	Se considera el contenido explícito y el contenido latente de los datos

Discusión sobre lo que es dato, la codificación y la categorización

Desde la perspectiva de la TF clásica, el proceso de codificación es la etapa más importante en el análisis y elaboración de la TF. Así también lo afirma Holton (2007), quien precisa que: "Codificar es el proceso central en la metodología de la TF clásica. Es a través de la codificación que la abstracción conceptual de la data y su reintegración como teoría, toman lugar"[35] (p. 265).

---

[35]Original en inglés: "Coding is the core process in classic grounded theory methodology. It is through coding that the conceptual abstraction of data and its reintegration as theory takes place" (Holton, 2007, p. 265).

Sin embargo, más allá de la acción de codificar, debemos considerar la acción de 'observar' la data, es decir dependiendo de cómo se observe se puede mantener o tratar de mantener una postura fría y alejada de la data; se trata de la llamada observación objetiva común a las ciencias naturales, y propia de las posturas positivistas y post-positivistas. En este sentido, recordamos las palabras de Glaser (2001): "En TF, un concepto no se obtiene a través de la impresión que causa un incidente [en el investigador], ni forzándolo de forma premeditada mediante conceptos provenientes de un patrón de incidentes" (p.10)[36]. El autor advierte que no son las impresiones, emociones o significados que pueda 'captar' el investigador, los que lo conducirán a la generación de conceptos. Por el contrario:

> En TF, un concepto es el nombre dado a un patrón social [de comportamiento] asentado en la [data de la] investigación. Para la TF, esto es un patrón que es descubierto con cuidado mediante la comparación constante de datos a través del muestreo teórico y hasta la saturación conceptual de índices intercambiables. Es descubierto comparando muchos incidentes e incidentes para generar el concepto, el cual muestra el nombre dado a la categoría y los sub-patrones que son las propiedades de esta categoría[37] (Glaser, 2001, p.10).

La data ofrece un contenido explícito y al codificar y categorizar se busca el patrón de comportamiento que subyace en los propósitos del participante y no aquello que creemos y/o sentimos que éste dijo o aquello a lo que la data pudiera hacer alusión.

En contraposición, desde la perspectiva reformulada y constructivista, encontramos que Strauss y Corbin y Charmaz proponen la codificación de palabras, oraciones y consideran que no es necesario codificar un párrafo entero. Además, precisan que el investigador trae consigo, sus creencias y valores asignándole a la data, una etiqueta cuyo significado es derivado del uso común y de la experiencia del investigador. Las palabras están asociadas, ya sea por razones personales, de experiencia o culturales a un sin número de otras.

---

[36]Original en inglés: "A GT concept is not achieved by impressioning out over one incident, nor by preconceived forcing of a received concept on a pattern of incidents" (Glaser, 2001, p.10)

[37]Original en inglés: "For GT, a concept is the naming of a social pattern grounded in research. For GT it is a pattern which is carefully discovered by constant comparing of theoretically sampled data until conceptual saturation of interchangeable indices. It is discovered by comparing many incidents, and incidents to generated concept, which shows the pattern named by the category and the subpatterns which are the properties of the category" (Glaser, 2001, p.10)

En consecuencia, las etiquetas adjudicadas a la data ofrecen significados muy diferentes para cada persona. La preocupación en estas perspectivas es la de esclarecer el significado que los participantes otorgan al evento y no el patrón de conducta que éstos hayan podido manifestar al enfrentarlo.

Una vez presentadas las diferencias y la discusión entre las perspectivas de la TF, exponemos a continuación la teoría generada luego de la integración de categorías presentadas en el capítulo II.

Nuestra categoría central se denomina **Decisión entre perspectivas** y se define como *la acción que debe emprender todo investigador* que desee utilizar los principios de la TF en el análisis de sus datos (ver figura 4).

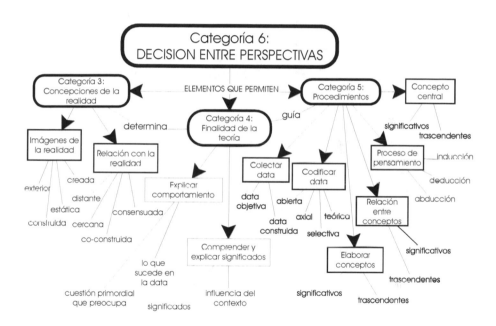

Figura 4: Decisión entre perspectivas

La categoría central hace alusión a la posibilidad de elegir entre las tres perspectivas aquella que mejor se acomode a los deseos del investigador y a cómo éste concibe y se relaciona con la realidad a estudiar. En efecto, su objeto de estudio puede ser abordado de acuerdo a cada perspectiva dependiendo de las intenciones que mueven al investigador: éste puede explicar el comportamiento desplegado por los participantes y que pone en evidencia un patrón de conducta que les permite solucionar una situación particular o enfrentar un problema preciso.

Pero si el investigador prefiere resaltar la significación que dan los participantes a un evento determinado puede encaminarse hacia una teorización en la cual podrá no sólo comprender, sino también explicar el significado del evento para estas personas.

Por otra parte, nuestra categoría central nos invita también a reflexionar sobre la toma de decisión consciente por parte del investigador, sobre las implicaciones que tiene para él, seguir una u otra de las tres perspectivas en TF. Se trata de una decisión reflexiva y juiciosa pues el investigador deberá asumir supuestos de orden ontológico, epistemológico y metodológico que lo comprometen al momento de la colecta y análisis de la data. La posibilidad de elegir trae consigo la necesidad de una toma de decisión prudente, para la cual se hayan sopesado los aspectos a favor y aquellos en contra de cada una de las perspectivas.

En resumen, los párrafos anteriores, especialmente aquellos referidos a la discusión de los hallazgos de la comparación entre las perspectivas de la TF, deberán proporcionar al lector, los argumentos suficientes para la elección de la perspectiva que considere más adecuada a la investigación que desea emprender.

MÁS ALLÁ DE LA CONTROVERSIA: CONCLUSIONES Y APORTES PARA LA REFLEXIÓN

El presente libro representa el producto del esfuerzo intelectual de comparación constante entre documentos de diversos orígenes e idiomas, de modo que nos permitiera ofrecer al lector la orientación necesaria para emprender nuevos y mejores estudios siguiendo los principios de la teoría fundamentada.

Sin embargo, la cantidad de información era numerosa y nuestro principal límite fue el tiempo del que disponíamos para la realización de este estudio. Además, la obtención de ciertos documentos fundamentales fue ardua y económicamente costosa, pues se requirió de la inversión personal para cubrir los gastos de adquisición de dichos documentos.

Aún así, pensamos que el empeño valió la pena ya que nuestra satisfacción es inmensa al poder ofrecer una lectura que, al menos, sirva de detonante personal para las reflexiones íntimas de nuestros lectores en cuanto a los fundamentos paradigmáticos de la TF y sus implicaciones.

En efecto, luego de innumerables lecturas, discusiones con colegas y reflexiones propias podemos concluir que las diferencias entre las tres perspectivas estudiadas, son significativas en relación a los aspectos ontológico, epistemológico y metodológico. En efecto, al profundizar en el análisis y la comparación de cada una, se pudo constatar la diferencia evidente, en cuanto a la naturaleza de la realidad, la relación del investigador con su objeto de estudio y la intención con la cual éste se acerca a los datos.

Las implicaciones en este sentido revisten una importancia capital que debe ser tomada en cuenta por los investigadores, de manera que realicen una elección consciente de cuáles son sus creencias ontológicas, sus posiciones epistemológicas y sus intenciones de investigación.

Nos percatamos entonces que si adherimos a la perspectiva glaseriana o clásica de la TF, nos posicionamos dentro del realismo crítico como corriente filosófica que la sustenta y donde la naturaleza de la realidad es objetiva, exterior a nosotros como investigadores y que debemos mantener una distancia entre nosotros y la data que analizamos. Nuestra intención sería la de *explicar* cómo hacen los participantes para resolver una situación determinada que les preocupa; este 'cómo' viene expresado en palabras de los participantes y representa aquello que está sucediendo en los datos.

Buscamos un patrón de comportamiento que nos permita explicar la forma en la cual, los participantes, resolvieron la cuestión. Para ello, nos apoyamos únicamente en las palabras de los individuos entrevistados, en lo que dicen y no en lo que, quizás, quisieron decir. Para la TF clásica, la teoría así generada, trasciende en el tiempo, va más allá del lugar de colecta y no está ligada al grupo de personas que la originaron; esta característica de continuidad, de permanencia le permite ser generalizada y llegar a ser una teoría formal.

Por otro lado, la posición onto-epistemológica de la TF straussiana o reformulada es el Pragmatismo, la Fenomenología y el Interaccionismo Simbólico. La realidad no es externa a nosotros como investigadores sino que se apoya en una interacción entre participantes e investigador. Si optamos por esta perspectiva debemos ser conscientes de que nuestra subjetividad actuará al momento de la colecta y del análisis de datos, que el filtro de nuestras experiencias y conocimientos anteriores dejará sentir su influencia a través de nuestra interpretación de las palabras explícitas o implícitas de los participantes y que nuestro producto final será una teorización localizada, que permite *comprender* lo que está pasando en el grupo social estudiado.

Mientras que la perspectiva defendida por Charmaz, la TF constructivista se coloca en el constructivismo social donde la realidad no sólo es interna al investigador y co-construida con los participantes, sino que el contexto social es considerado como un elemento muy importante que influencia las vidas y experiencias de los individuos. Desde esta perspectiva, nuestra intención como investigadores sería el de destacar *la significación* y las motivaciones que llevaron a los participantes a actuar de tal o cual manera para resolver su situación. Como investigadores estamos estrechamente vinculados e impregnados de las vivencias de nuestros participantes y co-construimos junto a ellos y sus subjetividades, la realidad que buscamos teorizar.

Tanto para la TF straussiana como para la constructivista, la teorización final es un producto que depende estrechamente del momento, del lugar y de la significación atribuida por los participantes. No hay generalización posible en estos casos.

En cuanto al aspecto metodológico, debemos resaltar que las diferencias existen, sobretodo en cuanto a los procesos de codificación y categorización. En la discusión sobre este aspecto, se evidenciaron las diferencias en los procedimientos, unos más largos que otros pero todos sistemáticos y buscando la elaboración de categorías conceptuales y no descriptivas. Además, la comparación continua sigue siendo el movimiento propio de la TF, y el que le permite la generación de teorías, la consolidación de las categorías y la saturación.

La discusión presentada en los capítulos anteriores alimenta la introversión del lector como investigador en Educación y Ciencias Sociales, e indudablemente le impone, una reflexión amplia pero cuidadosa, en relación a la importancia que tiene la elección de los supuestos onto-epistemológicos que asume en cada nueva investigación. A este respecto, Vasilachis de Gialdino (2008, p.198) precisa que: "La epistemología se interroga acerca de cómo la realidad puede ser conocida, acerca de la relación de quien conoce y aquello que es conocido..." La reflexión onto-epistemológica constituye entonces el primer paso para todo investigador, especialmente para aquel que, investigando en ciencias sociales y educación, decide por razones justificadas y explícitas, utilizar alguna de las tres perspectivas de generación/construcción de TF presentadas anteriormente.

Menciona este mismo autor que:

Las ciencias sociales requieren... encarar su particular reflexión epistemológica a partir de los desarrollos teóricos, y de la práctica de la investigación empírica propios de esas ciencias... La reflexión epistemológica está profundamente ligada a la elucidación de los paradigmas vigentes [definidos] como los "marcos teórico-metodológicos utilizados por el investigador para interpretar los fenómenos sociales en el contexto de una determinada sociedad" (p.199)

Entendemos por paradigmas vigentes a la coexistencia en la investigación social del paradigma positivista, post positivista, constructivista, socio-crítico y participativo (Guba y Lincold, 2005).

La elección del paradigma es la que conduce al investigador a determinar la naturaleza de la realidad, la relación que desea establecer con su objeto de estudio, la intención que tiene al comenzar una investigación y el producto que desea obtener; se trata del 'marco referencial' para abordar su estudio y la colecta y análisis de los datos.

En este sentido y haciendo especial referencia a las perspectivas de elaboración de teoría fundamentada, Mills *et al.* (2006) son enfáticos al señalar que:

Para asegurar un fuerte diseño de investigación, los investigadores deben escoger un paradigma de investigación que sea congruente con sus creencias sobre la naturaleza de la realidad. Relacionar conscientemente en tales creencias con una interrogante ontológica, iluminará las posibilidades epistemológicas y metodológicas que estén disponibles[38] (p.2)

---

[38]Original en inglés: "To ensure a strong research design, researchers must choose a research paradigm that is congruent with their beliefs about the nature of reality. Consciously subjecting

61

Una de las conclusiones más importantes a las que hemos podido llegar consiste entonces, en la necesidad de ***crear consciencia*** en cuanto a la toma de decisión de los fundamentos paradigmáticos a los cuales adhiere el investigador y esto, desde el comienzo del estudio.

Igualmente, en relación a las perspectivas sobre la TF podemos concluir que cada una de ellas, se apoya en fundamentos paradigmáticos diferentes, que deben ser considerados desde el inicio de la investigación ya que esta decisión tienen implicaciones a todo lo largo del estudio, muy especialmente en los momentos de la colecta y análisis de la data.

Es imprescindible entonces, que al momento de utilizar la TF como método de análisis de datos, el investigador tenga especial cuidado en justificar los supuestos onto-epistemológicos que lo guían, de manera tal a realizar una elección consciente entre las tres perspectivas de elaboración de la TF (Boychuk y Morgan, 2004).

Recomendamos fuertemente a nuestros colegas mantener la lectura y el análisis de los diferentes artículos que constantemente salen sobre la utilización de la teoría fundamentada y ampliar su estudio para considerar por ejemplo, aquellas iniciativas personales (Paillé, Pandit, Clarke) ya señaladas en el capítulo II, así como las diferentes maneras que emplean los investigadores cuando deben comenzar la codificación abierta, etapa que, en nuestra opinión, es la más dura que deben enfrentar.

Finalmente, es nuestro deseo precisar que estamos conscientes de que el tema de la TF aún no ha sido agotado y las conclusiones anteriores son sólo provisionales: el debate sobre la TF permanece abierto en las universidades y en la investigación social, para nuevos y enriquecedores intercambios intelectuales.

---

such beliefs to an ontological interrogation in the first instance will illuminate the epistemological and methodological possibilities that are available" (Mills *et al.*, 2006, p.2)

REFERENCIAS

Alfonzo, I. (1999). *Técnicas de Investigación Bibliográfica*. Caracas: Contexto Editores

Boychuk, J. y Morgan, D. (2004). Grounded Theory: reflections on the emergence vs. forcing debate. *Journal of Advanced Nursing, Vol.48*, (6), pp.605-612

Contreras, L. (2008). *Modelos epistemológicos en la construcción del conocimiento. Análisis crítico de las Tesis Doctorales de Educación en Venezuela*. Tesis doctoral, no publicada. UPEL-IPC. Caracas.

Charmaz, K (2006). *Constructing Grounded Theory. A practical Guide through Qualitative Analysis*. Thousand Oaks: Sage Publications.

Charmaz, K. (2005). Grounded Theory in The 21st Century. Applications for Advancing Social Justice Studies. In Denzin, N. y Lincoln, Y. (eds.) *The Sage Handbook of Qualitative Research*, third edition, Thousand Oaks: Sage Publications, pp.507-535.

Charmaz, K (2000) Grounded Theory:Objectivist and Constructivist Methods. In Denzin, N. y Lincold, Y (Eds.). *Handbook of Qualitative Research*, Thousand Oaks: Sage, pp.509-535.

Chenail, J., Spong, J., Chenail, J., Liscio, M., McLean, L., Cox, H., Shepherd, B. y Mowzoon, N. (2006) Creating and Using Learning Objects in Qualitative Research Education. *The Qualitative Report* V. 11, No. 3 pp. 450-473 Disponible: http://www.nova.edu/ssss/QR/QR11-3/chenail.pdf. [Consulta: 2009, Agosto 4].

Clarke, A. (2005). *Situational Analysis. Grounded Theory after the Postmodern Turn*. Thousand Oaks: Sage Publications

Cutcliffe, J. (2000). Methodological issues in grounded theory. *Journal of Advanced Nursing, V. 31*, (6), pp.1476-1484

d'Amboise, G. y Nkongolo Bakenda, J-M. (1991). Réflexions sur les possibilités et les contraintes d'application d'une approche qualitative: cas d'utilisation du «Grounded Theory» en sciences de l'administration. Document no 92-16, LRSA, Université Laval, Québec.
Disponible:
http://www.fsa.ulaval.ca/personnel/DamboisG/liv1/lecture.pdf
[Consulta: 2009, Agosto 4]

de la Cuesta Bejumea, C. (2006). La teoría Fundamentada como herramienta de análisis. *Cultura de los cuidados: revista de enfermería y humanidades, No.20*, pp.136-140.
Disponible : http://dialnet.unirioja.es/servlet/articulo?codigo=2238140
[Consulta: 2009, Agosto 8]

Delgado, C. (2000). *Étude du processus de transformation des conceptions par rapport à l'activité scientifique chez les futurs enseignants des sciences au secondaire.* Thèse de Doctorat, inédite. Université du Québec à Montréal, Québec, Canada.

Delgado, C. (1994). *Validation d'un metamodèle d'enseignement de la physique au niveau secondaire tenant compte de l'intuition des élèves.* Mémoire de Maîtrise, inédite. Université du Québec à Montréal, Québec, Canada.

Eaves, Y. (2001). A synthesis technique for grounded theory data analysis. *Journal in Advanced Nursing, V.35*, No.5, pp.654-663

Gerson, E (1990). *Supplementing Grounded Theory.* Disponible:
http://tremont.typepad.com/technical_work/papers/supplementing GT. pdf. [Consulta: 2006, Junio 18].

Glaser, B (2004a). Naturalist Inquiry and Grounded Theory. In *Forum: Qualitative Social Research, v.5*, No.1, Art.7. Disponible:
http://www.qualitative-research.net/fqs [Consulta: 2009, Julio 3].

Glaser, B (2004b). Remodeling Grounded Theory. In *Forum: Qualitative Social Research, v.5*, No.2, Art.4. Disponible: http://www.qualitative-research.net/fqs [Consulta: 2007, Mayo 23].

Glaser, B (2002) Constructivist Grounded Theory? In *Forum: Qualitative Social Research, v.3*, No.3. Septiembre. Disponible: http://www.qualitative-research.net/fqs [Consulta: 2006, Junio 19].

Glaser, B. (2001). *The Grounded Theory Perspective: Conceptualization Contrasted with Description.* Mill Valley: Sociology Press

Glaser, B. (1999). The Future of the Grounded Theory. Keynotes Address from the Fourth Annual Qualitative Health Research Conference. *Qualitative Health Research, v.*9, No.6, Nov. (pp. 836-845)

Glaser, B (1992) *Emergence vs Forcing: basics of grounded theory analysis.* Mill Valley: Sociology Press

Glaser, B (1978) *Theoretical Sensitivity: advances in the methodology of grounded theory.* Mill Valley: Sociology Press

Glaser, B y Strauss, A. (1967). *The Discovery of the Grounded Theory: strategies for qualitative research.* New York: Aldine de Gruyter.

Greckhamer, T y Koro-Ljungberg, M. (2005). The erosion of a method: examples from grounded theory. *International Journal of Qualitative Studies in Education, V.*18, No.6, pp.729-750

Green, J. (1998). Commentary: grounded theory and the constant comparative method. *British Medical Journal.* Disponible: http://findarticles.com/p/articles/mi_m0999/is_n7137_v316/ai_n27522060 [Consulta: 2009, Junio 18].

Guba, E. y Lincold, Y (2005). Paradigmatic Controversies, Contradictions, and Emerging Confluences, En Denzin, N. y Lincold, Y (Eds). *The Sage Handbook of Qualitative Research.* Thousand Oaks: Sage Publications.

Haig, B. (1995). Grounded Theory as a Scientific Method. Philosophy of Education. Philosophy of Education Society. Disponible: http://www.ed.uiuc.edu/EPS/PES-Yearbook/95/haig.html. [Consulta: 2006, Junio 18].

Hallberg, L. (2006). The "core category" of grounded theory: Making constant comparisons. *International Journal of Qualitative Studies on Health and Well-Being, V.*1, 3, pp.141-148

Holton, J. (2007). The Coding Process and Its Challenges. In Bryant, A. y Charmaz, K. (2007). *The Sage Handbook of Grounded Theory,* Los Ángeles: Sage Publications, pp.265-290

Huffman, D. (2007). El Abordaje de las realidades Múltiples en Investigación Educativa: La Determinación de Objetos de Estudio Científico. *Serie "Visiones Epistemológicas de Investigadores en México*. Universidad Autónoma de México, UAM

Hurtado de Barrera, J. (2009). Comunicación personal. Métodos y abordajes de investigación. Programa de formación avanzada en Investigación Holística. Ciea-Sypal.

Hurtado de Barrera, J. (2000). *Retos y alternativas en la formación de investigadores.* Caracas: Fundación Sypal.

Lamp, J. W. y Milton, S. K. (2007). Grounded Theory As Foundations For Methods In Applied Ontology, *Proceedings of QualIT*, Victoria University of Wellington. Disponible: http://lamp.infosys.deakin.edu.au/pubs/07_qualit_ontcoding.pdf. [Consulta: 2009, Agosto 4]

Laperrière, A. (1997) La théorisation ancrée (grounded theory): demarche analytique et comparaison avec d'autres approches apparentées. In Poupart, J., Deslauriers, J-P., Groulx, L-H., Laperrière, A., Mayers, R., y Pires, A. (1997) *La recherche qualitative. Enjeux épistémologiques et méthodologiques.* Montréal: Gaëtan Morin.

McCallin, A. (2003). Designing a grounded theory study: some practicalities. *Nursing in Critical Care, Vol.8*, No.5, pp.203-208

Mills, J., Chapman, Y., Bonner, A. y Francis, K. (2007) Grounded Theory: a methodological spiral from positivism to postmodernism. *Journal of Advanced Nursing, V. 58*, (1), pp. 72-79

Mills, J., Bonner, A. y Francis, K. (2006). The Development of Constructivist Grounded Theory. *International Journal of Qualitative Methods, V.5*, No.1, article 3. Disponible: http://www.ualberta.ca/~iiqm/backissues/5_1/pdf/mills.pdf [Consulta: 2009, Agosto 8].

Montero, M. y Huchman, E. (1996). *Investigación Documental. Técnicas y Procedimientos.* Caracas: Panapo

Mucchielli, A. (1996) *Dictionnaire des méthodes qualitatives en sciences humaines et sociales*. Paris: Armand Colin.

Newman, B. (2008). Challenging convention: Symbolic interactionism and grounded theory. *Collegian, V.15*, pp. 103-107.

Paillé, P. (1994) L'analyse par théorisation ancrée. *Cahiers de recherche sociologique*, No. 23, pp.147-181.

Pandit, N. (1996) The Creation of Theory: *A Recent application of the Grounded Theory Method. The qualitative Report, V.2*, No.4, pp.1-20. Disponible: http://www.nova.edu/sss/QR/QR2-4/pandit.html [Consulta: 2007, Mayo 10]

Piantanida, M., Tananis, C. y Grubs, R. (2004). Generating grounded theory of/for educational practice: the journey of three epistemorphs. *International Journal of Qualitative Studies in Education, V. 17*, No.3, pp.325-346

Raymond, E. 2005 La teorización anclada (Grounded Theory) como método de investigación en Ciencias Sociales: en la encrucijada de dos paradigmas. *Cinta de Moebio*, septiembre, No. 23. Disponible: http://www.moebio.uchile.cl/23/raymond.htm. [Consulta: 2006, Junio 18]

Reed, D. (2004). Grounded Theory and Constant Comparative Analysis. *Orthopaedic Nursing*, V. 23, No.6, pp.403-404

Reichertz, J. (2007). Abduction: The Logic of Discovery of Grounded Theory. En Bryant, A. y Charmaz, K. (Eds.). *The Sage Handbook of Grounded Theory*. Thousand Oaks: Sage Publications.

Ruíz del Castillo, A y Rojas Soriano, R. (2001). *Vínculo docencia-investigación para una formación integral*. Ciudad de México: Plaza y Valdés.

Sánchez, S. (1998). *Fundamentos para la Investigación educativa. Presupuestos Epistemológicos que orientan al investigador*. Bogotá: Cooperativa editorial Magisterio.

Savoie-Zajc, L. (2009). Comunicación personal.

Stern, P. (2006) Erosionar la Teoría Fundamentada. En: Janice Morsen (2006) *Asuntos críticos en los métodos de investigación cualitativa.* Medellín: Editorial de la Universidad de Antioquia.

Strauss, A. y Corbin, J. (1998a). *Review of Basics of Qualitative Research Techniques and Procedures for Developing Grounded Theory* (2nd edition). Newbury Park: Sage Publications.

Strauss, A. y Corbin, J. (1998b). Grounded Theory Methodology. An overview. En Denzin, N. y Lincold, Y (Eds) *The Handbook of Qualitative Research: Strategies of Qualitative Inquiry,* pp.158-183. Thousand Oaks: Sage Publications.

Strauss, A y Corbin, J. (1990) *Basics of Qualitative Research. Grounded Theory Procedures and Techniques.* Newbury Park: Sage Publications.

UPEL-IPC (2007). *Plan de Desarrollo Estratégico 2007-2011.* Caracas: Fedupel

Urquhart, C. y Fernández, W. (2006). Grounded Theory Method: the researcher as blank slate and other myths. *Epistemological and Philosophical Issues in Information Systems, Twenty Seventh International Conference on Information Systems, Milwaukee.*

Vasilachis de Gialdino, I. (2008). Los fundamentos epistemológicos de la Investigación Cualitativa. En: Cohen, N. y Piovani, J. (2008). *La metodología de la investigación en debate.* Buenos Aires: Eudeba/EDULP